월급만으로 부자 되는 집중 투자법

자산을 폭발적으로 불리는 전략
월급만으로 부자 되는 집중 투자법

ⓒ 김준석 2022

인쇄일 2022년 1월 3일
발행일 2022년 1월 10일

지은이 김준석
펴낸이 유경민 노종한
기획마케팅 1팀 우현권 **2팀** 정세림 현나래 유현재 서채연
기획편집 1팀 이현정 임지연 **2팀** 박익비 **라이프팀** 박지혜 장보연
책임편집 임지연
디자인 남다희 홍진기
펴낸곳 유노북스
등록번호 제2015-000010호
주소 서울시 마포구 월드컵로20길 5, 4층
전화 02-323-7763 **팩스** 02-323-7764 **이메일** uknowbooks@naver.com

ISBN 979-11-90826-95-2 (03320)

자산을 폭발적으로 불리는 전략

월급만으로
부자되는
집중 투자법

김준석 지음

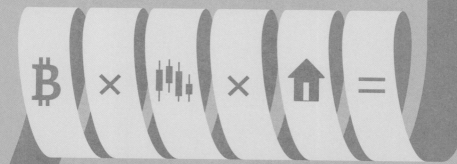

유노
북스

취업한 동생에게
쓰는 편지

수현아, 취업을 축하해. 이제 막 취업한 너에게 돈 이야기부터 하는 나의 마음이 편치는 않아. 그렇지만 당장 이 이야기 말고 다른 이야기가 떠오르지 않는 것도 진실이야. 재테크란 아무래도 일찍 시작할수록 유리하니까.

고민을 많이 했어. 돈에 몰두하다 보면 반드시 잃는 게 생길 텐데 굳이 말해도 괜찮을지…. 그것이 사람이든, 건강이든, 시간이든, 혹은 너의 직업적 사명이든. 괜히 내가 나서서 찬물을 끼얹는 건 아닐지 걱정도 했어. 재테크에 심취하는 순간, 네 머릿속엔 날 선 말들이 떠오를 거야. "왜 그렇게 돈, 돈 해? 세상에 돈 말고도 소중한 것들이 얼마나 많은데. 그걸 잊고 살 셈이야?"라고 말이야.

나는 하나의 삶의 방식을 조언할 뿐이야. 선택은 너의 몫으로 남겨둘게. 너의 하루, 너란 사람, 너의 고유한 색깔이 흔들리지 않는 수준에서 네가 돈에 관심 갖길 바라.

월급만으로 부자 되는 집중 투자법

에스키모인은 늑대를 포획해서 모피를 얻는대. 그런데 늑대를 직접 잡지 않는다고 해. 대신 날카로운 칼날에 다른 동물의 피를 묻혀서 얼음이나 눈 위에 꽂아 두지. 그럼 피 냄새를 맡은 늑대들이 슬금슬금 몰려와 칼날을 핥기 시작해. 추운 겨울이라 혀의 감각이 둔해진 늑대는 핥는 일을 멈추지 못할 수밖에. 칼날 위에 흐르는 자기 피에 취하게 되고 결국 늑대는 눈밭을 붉게 물들이며 죽어 간대. 돈이란, 얼음 위의 피 묻은 칼날이 될 수도 있어. 나도 너도 우둔한 늑대가 되지는 말자.

세상 참 많이 변했지? 우리 때만 해도 성실하게 공부해서 좋은 대학에 가고, 좋은 직장에 취업하면 인생이 탄탄대로인 줄 알았잖아. 그런데 왜 분위기가 변한 걸까. 이제는 직업이 사회적 위치를 결정하는 시대는 지난 것 같아. 옛날엔 비슷한 일을 하면 비슷한 집단으로 분류했는데 요즘은 달라진 느낌이거든. 같은 사무실에서 똑같은 돈을 받는 동료라도 자산 수준에 따라 삶의 여러 면에 보이지 않는 선이 생긴 기분이야. 달라졌고, 앞으로 계속 달라질 것 같은 기분이 들어.

세상은 재테크 시장에 참여한 사람과 그렇지 못한 사람으로 나뉘고 있어. 후자는 전자에게 월세나 전세를 통해 자신의 소득을 지불하게 되지. 너는 어떤 선택을 하고 싶어? 자산을 보유하지 못했다면 누군가의 대출 이자를 갚아 주거나 그들의 자산을 축적하는 방향으로 일할 수밖에 없어. 이것이 꼭 잘못된 일은 아니지만 '참 억울하군' 싶고 세상이 원망스러워질 수도 있어. 원망해서는 해결되는 일이 하나도 없는데 말이야.

처음 경제 활동을 시작하는 직장인이 투자에 능숙할 수는 없어. 일상적이지 않은 일이었으니 당황스럽고, 혹은 냉소적으로 변할 수 있는 게 당연해. 하지만 이건 선악이나 좋고 나쁨의 이분법적 문제라기보다는 인생의 중요한 변수에 관한 문제이기 때문에 두렵지만 한번 시도하지 않을 이유는 없어.

부동산도 가상 화폐도 주식도 관심을 기울이지 않는다면 경험할 수 없어. '돈은 자연스레 따라오는 것'이라며 운명론적으로 말하는 사람도 있지만 내가 체감한 바로는 그렇지 않았어. '좋아, 지금부터 관심을 기울여 보자' 하고 깊은 곳에 감춰 둔 내밀한 욕망을 꺼내지 않았다면 투자 본능 혹은 상승기를 경험하는 기회는 영원히 지나쳤을 거야. 세상일에는 '때'라는 게 있잖아. 투자도 때를 놓치면 기회가 쉽게 오지 않을 수 있거든. 그리고 나는 내 집을 마련하고 싶다는 작은 욕심을 시작으로 기회를 잡았지. 너처럼 사회 초년생 시절에 말이야.

편지를 써야겠다고 마음먹은 이유는 네가 그 '때'를 맞이했기 때문이야. 네 안에도 투자 본능이 있다는 걸 알려 주고 싶었어. 한편으로는 코로나19가 덮친 세상에 돈이 쏟아지는 현실이 두렵기도 했지. 천문학적인 돈이 시장에 콸콸콸 풀리고 있잖아. 지금도 자산 가격은 비상식적인데 여기서 더 올라간다면 우리의 삶은, 너의 일상은 도대체 어떻게 될까?

주변 사람들과 투자 이야기를 나누다 보면 막상 실행은 하지 않고 후회만 하는 경우를 자주 보곤 해. 부동산은 너무 비싸고 주식은 위험하며 비트코인은 이미 늦었다고 말해. 투자해야 하는 이유보다 하지 않을 이유에 집중하거든. 그런데 돈은 차갑지만 솔직해. 내가 관심을 주는 만큼 나에게 다가오지. 돈은 돈이 있는 곳으로 흐르지 돈이 없는 곳으로 흐르지 않거든. 두렵더라도 일단 투자를 시작해야 돈을 불릴 수 있어.

투자를 일찍 시작해서 빨리 목표에 도달한 다음 여유를 찾는 선택도 행복을 위한 하나의 방법이라고 생각해. 인생 초반기에 기세를 장악해서 경제적 여유를 찾아보는 것 어때? 인생의 후반기에는 돈이 아니라 온전한 행복에만 집중할 수 있도록 말이야.

기회를 놓쳤다고 생각하는 당신에게,
"아직 기회는 있다"

나는 동갑내기 아내와 결혼해 12평짜리 월셋집에서 신혼 생활을 시작했습니다. 취업 후 1년이 지난 그때는 서른 살이었습니다. 공간이 비좁아 비닐 옷장 하나를 둘이 나눠 썼지만 우린 씩씩함으로 무장했죠. 대학생 시절에 만나 5년이나 연애해서였는지 의기투합이 잘됐습니다. 우리는 남들 다 하는 혼수나 번듯한 신혼집을 무리해서 마련하는 대신 각자 연봉만큼의 돈과 마이너스 통장을 활용해 재테크부터 하기로 결심했습니다.

돈을 열심히 모아 내 집 마련에 나섰고 주식과 비트코인에도 투자했습니다. 그리고 5년 만에 40억 원을 만들었습니다. 현재는 휴직하고 24개월 된 딸과 소중한 시간을 보내고 있습니다. 아내는 바쁜 회사를 떠나 꿈꾸던 곳으로 이직해 원하는 삶을 사는 중입니다. 우리는 더 이상 누군가를 부러워하거나 조급해하지 않습니다. 직장인 부부의 월급으로 출발했지만 지금은 경제적 여유를 찾았기 때문입니다.

내가 투자서를 쓰기에는 시기상조일 수 있겠습니다. 워런 버핏처럼 한평생 거대한 부를 일군 사람의 말이 더 설득력 있다고 생각할지도 모르죠. 이런 이유로 책을 쓰기까지 많은 고민이 있었습니다. 하지만 이제 막 직장에 입사한 20대 후배들을 만나고 생각이 바뀌었습니다.

"딱 5년만 일찍 태어났으면 좋았을 텐데."

내 주변에는 이렇게 이야기하는 사회 초년생이 한둘이 아니었습니다. 불과 5년 사이에 부동산, 비트코인, 주식이 모두 번갈아 크게 올랐기 때문입니다. 이들은 기회를 놓쳤다며 좌절했습니다. 월급만으로 내 집 마련은 꿈도 꿀 수 없는데 직장 생활이 무슨 소용이냐고 말합니다. 그러나 여전히 기회는 있습니다. 적어도 방법을 몰라서, 재테크의 중요한 시기를 놓쳐서 시도조차 하지 않는 일은 없기를 바랐고 나 또한 월급부터 출발했기에 그들에게 나의 경험이 도움 되기를 바라며 이 책을 썼습니다.

솔직히 말하자면 결혼하고 처음 투자를 하기로 마음먹었을 때, 두렵기만 했습니다. 금리, 환율, 채권, 인플레이션 등 온갖 지표를 어디부터 어디까지 알아야 하는지 막막했기 때문입니다. 또 처음에는 전문적인 회계 지식을 익혀서 기업의 재무적인 가치를 분석할 수 있어야 부자가 되는 줄 알았습니다.

투자 전문가들은 흔히 '평생 함께할 기업을 찾아 동행하라'고 쉽게 말합니다. 하지만 직장인인 나는 워런 버핏처럼 코카콜라 같은 기업을 찾아낼 재주도, 자신도 없었고 설령 발견한들 오래 함께할 참을성도 없다고 생각했습니다. 직장인에게 맞는 투자법을 찾을 수밖에 없었습니다. 그리하여 나의 5년간의 투자 과정과 결과를 이 책에 모두 담기로 했습니다.

직장인들이여, 재테크의 골든타임을 놓치지 마라

영화 기생충에 이런 대사가 나옵니다.

"시험이란 게 뭐야. 앞으로 치고 나가는 거야. 실전은 기세야, 기세."

살다 보면 의외로 자신의 실력보다는 초반의 심리나 흐름으로 승부가 좌우되는 경험을 자주 합니다. 평범한 직장인에게 재테크의 골든타임은 취업하고 아기를 낳기 전까지입니다. 인생의 전반기에 기세를 잡지 못하면 후반기는 힘들어질 수밖에 없습니다.

나는 이 황금 같은 시기를 헛되이 낭비하고 싶지 않았습니다. 그래서 3가지를 노력했습니다.

첫째, 종잣돈을 모으는 데 최선을 다했고 이를 디딤돌 삼아 집중적으로 투자할 기회를 여러 번 만들었습니다. 평범하고 젊은 직장인이 빠르게 자산을 불리지 못하는 대표적인 2가지 이유는 종잣돈이 작다는 점과 그것마저 지나치게 분산한다는 것입니다.

사회 초년생은 시간이라는 기회를 적극적으로 활용해야 합니다. 그래서 나는 돈을 과도하게 분산하는 대신 한두 가지 자산에 집중적으로 투자했고 적극적인 절약과 저축으로 투자 기회를 꾸준히 만들어 냈습니다. 기회가 여러 번이면 실패의 부담을 줄일 수 있습니다.

최소한 2년에 한 번은 자기 연봉만큼 모아 봅시다. 6년이면 3번의 집중 투자 기회가 생깁니다. 이 책은 사회 초년생과 월급 받는 직장인이 취업하고 첫 6년 동안 어떤 전략과 포지션을 취해야 빠르게 자산을 불리는지 구체적으로 다룹니다. 대표 전략인 '저축 3번×집중 투자 3번'은 저축이 왜 중요한지, 저축이 어떻게 리스크를 통제하는지 설명합니다. 집중 투자를 한다고 해서 위험을 관리하지 않는 것이 아닙니다. 시점 분산과 자산 간 분산을 통해 리스크를 관리할 수 있으며 그 방법 역시 소개할 것입니다.

둘째, 어떤 현상을 깊이 분석하지 않았습니다. 내가 파악할 수 있는 합리적 인과 관계는 다른 사람도 충분히 알 수 있다고 가정했습니다.

대신 가격의 변곡점을 찾아 투자하되 손절은 냉정하게 실행하는 연습을 했습니다. 나는 투자의 본질이 결국 가격이 오르고 내리는 데에 베팅하는 것일 뿐이라고 판단했습니다. 다만 상승과 하락의 확률이 반반이라면 돈을 버는 사람과 잃는 사람도 반반이어야 할 텐데 소수만 승리하는 극단적인 현실에 의문을 가졌죠. 그건 아마도 우리가 잘못된 기업을 고르거나 지식이 부족해서라기보다는 인간 심리의 본질적 한계 때문이라고 짐작했습니다.

또한 투자의 A부터 Z까지 알기 위해 몰두하지도 않았습니다. 오직 변곡점과 손절 시나리오를 활용하고 인간의 본성을 거스르는 방향으로 위험을 관리했습니다. 그러자 어느 순간 '손실은 짧게, 수익은 길게'를 반복함으로써 수익을 꾸준히 올릴 수 있었습니다. 여러분이 그 구체적인 방법을 참고할 수 있도록 이 책에서 종목 고르는 법, 변곡점 찾는 법, 매수와 매도 타이밍 잡는 법, 리스크 관리하는 법까지 설명했습니다.

셋째, 부동산, 주식, 비트코인 세 자산 모두에 투자했습니다. '시장 하나를 제대로 알기도 어려운데 속 편한 소리를 한다'고 말하는 사람이 있을지도 모르겠습니다. 하지만 나는 한 시장에만 머물러 분석하기보다는 관점을 넓혀서 기회가 있는 시장을 찾아 나서는 편이 더 좋았습니다.

나의 첫 투자는 내 집 마련을 위한 부동산이었지만 이후 주식과 비트코인에 투자하면서 부동산만큼 수익을 냈습니다. 물론 경험하지 못한 시장에 발을 들일 땐 항상 망설여졌습니다. '여기서 실패하고 저기서도 실패하면 어쩌지' 하는 불안감이 생겼기 때문입니다. 그렇지만 일단 투자를 시작하면 걱정은 잊어버리고 새로운 상황에 충실히 임했습니다. 여러 가지 가능성을 추구하면 좋은 결과를 낳는 법입니다. 당신도 기회가 있는 시장을 찾아서 좋은 결과를 얻길 바랍니다.

코로나19 이후 모든 자산의 가격이 오르는 현상을 가리켜 '에브리싱 랠리(everything rally)의 시대'가 왔다고 합니다. 기회의 문은 언제 어떤 자산에서 열릴지 모릅니다. 굳이 배타적인 태도를 취해 스스로 기회를 제한할 이유는 없지 않을까요?

인생의 초반기에 경제적 여유를 찾자

얼마 전 동생이 취업을 했습니다. 문득 나에게 투자 비결을 물어 왔습니다. 동생이 재테크 때문에 일상의 소소한 행복을 저당 잡히지 않았으면 좋겠다는 생각이 들어 쉽사리 조언하기가 어려웠습니다. 그럼에도 최소한의 자산은 일궜으면 했고 폭등하는 자산들의 가격 앞에서 지레 좌절하지 않길 바랐습니다. 그래서 동생에게만 알려 주고 싶은 나만의 투자 비결을 이 책에 쓰기로 했습니다.

돈을 좇는다고 모두 부자가 될 수는 없습니다. 하지만 재테크가 작동하는 기본 원리만 익히면 직장인이라도 이상적인 자산 수준에 도달할 수 있습니다. 번듯한 내 집을 마련할 수 있고 매년 연봉만큼의 자본 소득을 발생시킬 수 있습니다.

누구에게나 기회는 온다고 생각합니다. 중요한 사실은 하늘에서 비가 내릴 때, 그 빗물을 받아 둘 수 있는 빗물 통을 견고히 마련해 두었느냐 그렇지 않느냐는 점입니다.

이 책에서 3가지 자산 시장을 경험하며 터득한 투자 방법을 최대한 단순하게 설명했습니다. 첫 월급을 받던 날, 이 돈을 모아 어느 세월에 큰돈으로 불려 나갈지 막막했던 기억이 떠오릅니다. 하지만 희망을 잃지 않았습니다. 차근차근 저축하고 재테크의 원리를 익히며 적극적으로 투자에 나섰습니다. 그러다 보니 어느 순간 자산이 불어나는 경험이 쌓이기 시작했지요.

당신도 할 수 있습니다. 재테크라는 전쟁터에 내몰려 당장의 행복과 미래의 부 사이에서 갈등하는 밀레니얼과 Z세대, 사회 초년생, 모든 직장인에게 이 말을 하고 싶습니다. 골든타임의 시곗바늘은 이미 움직이기 시작했습니다. 기회는 당신 앞에 있습니다. 그저 알아보지 못할 뿐입니다. 일단 앞으로 치고 나가 봅시다. 나는 투자를 시작하고 5년이 흘러서야 비로소 깨달았습니다. 초반 대응이 재테크의 대부분을 차지한다는 걸 말입니다.

지금 이 순간에도 치솟는 집값을 바라보며 불안이 앞서지만 무엇부터 해야 할지 막막한 사람들에게 이 책을 읽어 보길 권합니다. 부동산, 주식, 비트코인 중 어떤 시장에 어떻게 투자할지 고민하는 사람에게 도움을 줄 것입니다. 인생의 후반기에는 돈이 아니라 온전한 행복에만 집중할 수 있도록 경제적 여유를 찾아 봅시다.

1장

월급쟁이 직장인도
부자 될 수 있다

재테크의 골든타임

2장

회사 다니면서 가장 빨리 자산을 불리는 원칙

저축×집중 투자 콤비네이션

3장

직장인의 주식 투자, 손실은 짧게 수익은 길게

주식 시작하기

4장

필수 자산 내 집 마련에 적극적이어야 한다

부동산 시작하기

5장

가상 화폐 시장,
끝난 것 같아도 끝이 아니다

비트코인 시작하기

6장

재테크 시장에서
살아남는 법

나만의 투자법 만들기

· 1장 ·

월급쟁이
직장인도
부자 될 수
있다

재테크의 골든타임

재테크의 골든타임:
취업하고
2세가 생기기 전까지

만약 당신이 재테크에 나서기로 마음먹었다면 취업한 후를 놓치지 마세요. 이것이 이 책의 골자입니다. 나는 취업하고 딸이 태어나기 전까지 재테크에 최선을 다했습니다. 돌이켜 보면 그 시절이야말로 크게 저축할 수 있는 유일한 시기이자, 자산을 크게 사 둘 수 있는 최적의 시기였습니다. 모든 일에는 때가 있습니다. 많은 경우 한번 지나간 때는 다시 돌아오지 않습니다. 초반 기세를 제대로 잡으세요. 인생의 주도권을 휘어잡기 위해서요.

대기업 계열사에 근무하는 친구 A는 지난해 스스로 과장 진급을 포기했습니다. 내가 아는 A는 대학생 시절부터 야망이 넘치는 열정 청

년이었습니다. 그래서 그가 승진하기 위한 필수 조건을 일부러 채우지 않았다는 사실에 놀랐습니다. 과장부터는 해외나 지방으로 파견도 다녀와야 하고 실적 압박에 시달려야 해서 진급을 미룰 수 있을 때까지 미루고 싶다는 이유였습니다. '승진하고 회사를 오래 다녀도 결국 그 돈으로 제대로 된 집 한 채 사지 못할 텐데, 차라리 퇴근이나 일찍 하고 내 시간을 갖겠다'고 했죠. 취미 생활로 자아실현을 하고 주식이나 부동산에 투자하며 부수입을 얻어 보겠다는 것입니다.

《이 모든 것은 자산에서 시작되었다》의 저자도 비슷한 이야기를 합니다. 자산이 인생의 기회를 결정하는 핵심적인 역할을 한다고 했죠. 사람들은 점차 자산 중심의 삶(asset-driven lives)을 살아간다는 것입니다. 자산 가치의 투기적인 상승 논리에 따라서요. 저자가 호주인임을 보니 이는 세계인이 공통으로 직면한 현실인가 봅니다.

삶의 균형을 위해 경제적 여유를 찾기로 결심하다

나는 결혼한 후에도 아내의 커리어가 여자라는 이유로 단절되지 않길 바랐습니다. 대학생 시절에 만나 5년을 연애하고 취업 준비도 함께 했기에 나는 아내가 세상이 요구하는 조건을 맞추기 위해 어떤 노력을 기울였는지 잘 알고 있었습니다. 다행히 아내는 원하는 직장에 취업을 했습니다. 그곳은 업무 강도가 대단히 강했습니다. 그래서 출산과 육아를 직장 생활과 병행하기가 만만치 않겠다는 걱정을 취업과 동시에 시작하게 되었습니다.

처음 직장에 들어갔을 때, 자녀가 초등학교에 입학하면 여자 선배들이 종종 휴직하는 모습을 보곤 했습니다. 그쯤이면 아이가 다 컸으니 오히려 회사 생활에 집중할 수 있지 않을까 싶어 의아했습니다. 학원도 보낼 시기라 소득이 더 필요할 텐데 굳이 휴직을 하는 이유가 무엇일까 궁금했죠. 단순히 자녀와 추억을 쌓고 싶어서라고 생각하기도 했습니다.

그러던 어느 날 휴직을 앞둔 여자 선배와 함께 식사를 하게 됐습니다. 아이가 초등학생인데도 키우기가 많이 힘드냐는 내 질문에 선배는 '출산 직후 육아는 순한 맛, 초등학교 입학 후가 진짜 매운 맛'이라고 답했습니다. 차라리 아이가 어릴 땐 어린이집에 늦게까지 맡겨 두어서 어떻게든 버텨 볼 수 있었다고 합니다. 그러면서 혹시 초등학교 1학년의 하교 시간이 유치원생보다 빠르다는 걸 아느냐고 묻더군요. 돌봄 교실도 12시부터 오후 5시까지 거의 앉아만 있는 수준에 불과하고 그게 싫다고 하면 태권도나 피아노 학원 같은 사교육으로 일명 '뺑뺑이'를 돌릴 수밖에 없다고 했습니다. 이때가 부모로서 가책이 느껴지는 시기라고 덧붙였죠. 아이를 학원에 보내고, 정서 발달에 도움이 되는 활동을 찾아 주고, 틈틈이 여행도 다니고, 애정을 주면서 집안일까지 해야 하는데 직장을 온전히 다닐 수 있겠는지 되묻자 할 말이 없었습니다.

선배와 점심 식사를 한 날 내가 지금 정확히 무엇부터 시작해야 할지 생각했습니다. 나와 아내는 아이를 가질 계획 중이었고 각자 일정표를 체크하며 집안일을 분담하는 부부였습니다. 장보기, 쓰레기 버리기, 빨래, 설거지, 자동차 관리까지 나누어 맡으며 가능한 한 체계적으로 어려움을 대비하려 했습니다. 하지만 집안일을 똑같이 분담하기란 쉽지 않다는 점도 잘 알고 있었습니다. 집안일을 맡아 하는 사람은 회사에서 성공하지 못할 거라는 두려움도 존재했습니다. 여기에 아이가 생기면 지금까지 버텨 오던 바깥일과 집안일의 균형에 금이 가겠죠. 집에 돌아와 다짐했습니다. '그래, 돈을 벌어야겠다'고요.

그때의 느낌을 나는 지금까지도 또렷하게 기억합니다. 평범한 월급쟁이니까 저축이나 열심히 하겠다며 돈과 관련된 것은 어느 정도 체념하며 살고 있었습니다. 그런데 선배와의 대화 이후로 재테크에 강한 관심을 갖게 됐습니다. 그때가 2016년, 부동산 가격이 폭등하기 직전이었다는 점은 나에게 큰 행운이었죠. 취업 직후라는 기회의 시기를 놓치지 않은 덕분입니다.

이제 신혼 시절의 12평짜리 집으로는 돌아갈 수 없습니다. 어른 둘은 어찌어찌 지낼 수 있어도 아이까지 12평 집에서 함께 살기란 쉬운 일이 아니니까요. 12평은 살고 싶다고 아무 때나 거주할 수 있는 곳이 아니더군요. 처음부터 재테크는 생각하지 않고 번듯한 집에서 살고자

월급만으로 부자 되는 집중 투자법

했다면 지금 어떻게 됐을지 생각만 해도 아찔합니다. 확실히 재테크의 골든타임은 취업하고 아이 낳기 전까지였습니다.

왜 취업 직후에
재테크를
해야 할까?

대학생 때까지는 자유분방하게 생활해도 괜찮습니다. 우정과 온정이 주변에 머무르죠. 하지만 졸업 후 사회로 나오면 스스로 헤쳐 나가야 할 냉정한 현실과 마주하게 됩니다. 한숨이 절로 나옵니다. 숨 막힐 듯 자본의 논리로 돌아가는 사회를 목격하고, 노동 소득만으로는 원하는 일상의 범위가 확 축소됨을 깨닫습니다.

그러다 문득 아는 친구가, 회사의 동료가, 혹은 인터넷상의 누군가가 재테크로 부자가 됐다는 소식을 듣게 되면 도저히 동참하지 않고는 버티기 어려워집니다. 그것이 부자연스럽거나 놀랄 만한 일도 아닙니다. 과거에는 월급만 모아도 내 집을 마련하고 가족과 단란하게 살아갈 수 있었지만 지금은 세상이 달라졌으니까요. 물론 돈만 있다고 가정과 육아와 직장 생활을 모두 아름답게 동행시킬 수는 없습니다. 자녀를 향한 사랑, 일에서 오는 성취감과 자존감, 행복한 일상은 돈만으로 만들어지지 않으니까요. 투자를 시작했다고 꼭 돈에만 집중해야 하는 것은 아닙니다. 그저 일상의 일부분으로 자연스럽게 받아들일 수 있어야겠죠.

부자가 되려는 마음은 본능이다

자본주의 사회에서 모든 사회적 현상은 금융의 문제로 치환되고 있습니다. 실제로 우리는 매일 물건을 사고파는 거래에 동참하고 있기도 합니다.

안타까운 상황은 언제나 인간의 입장과 금융의 관점이 어긋날 때 발생합니다. 누군가의 비극이 누군가에겐 기회가 되기도 하죠. 예를 들어 끔찍했던 9·11 테러로 인한 주식 시장 폭락이 어떤 금융가에게는 절호의 찬스였습니다. 코로나19 바이러스가 창궐하여 수많은 사람이 생계에 어려움을 겪었으나 자산가는 수혜를 누렸습니다. 이런 불일치가 깊어지는 사회는 공동선에 대한 회의감마저 불러일으킵니다. 극단적인 이기주의가 극대화되는 배경이 됩니다. 누가 어떻게 되든 내가 갖고 있는 주식, 부동산 가격만 오르면 그만인 사회 말입니다.

금융 시장을 도덕적 잣대로만 판단할 수는 없습니다. 애덤 스미스는 《국부론》에서 우리가 저녁 식사를 할 수 있는 이유는 푸줏간, 양조장, 빵집 주인의 박애심 덕분이 아니라 이들이 자신의 이익을 챙기려는 이기심 때문이라며 시장의 핵심을 지적합니다. 모든 인간은 잘살고 싶어 하고 이러한 인간의 본능은 서로의 강점을 교환하기에 이롭니다. 덕분에 국부가 증진된다는 데 이의를 제기하기 어렵습니다.

돈에서 해방되기 위해 도전하라

거창한 이야기였습니다만, 개인이 투자를 해야 하는 이유는 각자의 꿈, 믿음, 일상 혹은 희로애락과 관련됩니다. 뜻대로 흘러가지 않는 세상에서 투자는 지극히 인간적이고 불완전한 행위입니다. 나는 일확천금을 꿈꾸지 않았습니다. 누구나 그렇듯 돈 때문에 아쉬운 소리 덜 하고 곤란한 상황을 만들고 싶지 않을 뿐입니다. 하지만 의도와는 다르게 막상 투자 시장에 진입하면 스스로가 영악하게 느껴집니다.

예를 들어 가격이 2만 원인 주식에 투자했는데 그것이 3만 원이 됐다가 다시 2만 5,000원으로 떨어지면 이건 수익일까요, 손실일까요? 당연히 수익입니다. 하지만 사람들은 주식 가격이 3만 원에서 2만 5,000원으로 떨어지는 순간 마치 손실이 났다는 듯 실망하며 다시 3만 원 혹은 그 이상까지 오르길 간절히 기도합니다.

인간은 가져 보지 못한 무언가에는 관심이 크게 없지만 한번 가졌다가 잃은 대상에는 강렬한 욕망을 보입니다. 3만 원일 때 매도하지 못한 자신을 자책하죠. 그렇다고 해서 3만 원을 찍던 날은 평온했을까요? 심장이 두근거리고 팔까 말까 수없이 고민합니다. 희열은 희열대로, 불안은 불안대로 어떤 강렬한 감정에 사로잡혀 어쩔 줄 모르게 됩니다. 돈의 노예처럼 사는 자신을 만나게 되죠. 역설적으로 이럴 때야말로 '정말 돈으로부터 해방되고 싶다'는 욕구가 강해집니다.

돈이 괴로운 존재라는 개념은 오히려 투자에 감정적인 설득력을 부여합니다. 부끄럽지만 투자의 매력은 투자가 얼마나 징글징글한지로 귀결되죠. 언젠간 경제적 여유를 찾을 수 있다는 작은 희망 덕분에 말입니다. 나는 불확실해도 희망이 있는 곳이라면 언제든 도전해 보길 좋아합니다. 낙관적으로 사고하고 약점을 돌아보며 용감하게 결정해 보려 노력하죠. 실행 없는 희망은 아무 소용이 없으니까요.

젊은 나이에
경제적 여유를 얻으면
좋은 점

    직장은 소중합니다. 하지만 우리 마음속에는 이른 시기에 퇴사해서 하고 싶은 일에 도전하겠다는 욕구도 늘 존재합니다. 경제적 자유를 마다할 사람은 없죠. 그러나 파이어족이 되기에 앞서 선행돼야 할 조건은 어떤 직장에서 처음 사회생활을 시작하느냐입니다. 취업하고 초반은 누구나 어렵습니다. 하지만 직장에 취업해 버거운 시기를 견뎌야 경력, 전문성, 인맥이 쌓입니다. 뿐만 아니라 월급은 투자를 지탱하는 소중한 기반이 됩니다. 나와 비슷한 위치에서 출발했지만 경제적 자유를 이룬 사람이 회사에 있다면 그가 어떻게 부를 일궜는지 들여다봄으로써 재테크도 배울 수 있습니다. 투자 구루들의 조언은 소중하지만 와닿기 어렵습니다. 각자의 월 소득, 현재 자산 수준, 리스크를 감당할 수 있는 범위, 거주하는 곳 등이 서로 다르기 때문입니다. 그렇기 때문에 나와 처지가 비슷하고 바로 옆에서 성공한 사람의 과정을 눈으로 보고 듣는 경험만큼 좋은 배움은 없습니다. 당연히 좋은 직장에 가야 닮고 싶은 사람을 찾을 확률도 높아지겠죠.

경제력이 있어야 훗날 도전할 수 있다는 사업가의 조언

취업하고 얼마 되지 않은 어느 날이었습니다. 업무적으로 만난 한 업체의 대표와 대화한 적이 있습니다. 초등학생 딸아이를 키우는 여자 분이었죠. 여느 업체 대표와는 달랐습니다. 우리는 사업을 의뢰하는 입장이었고 상대방은 그 사업을 수행하기 위해 사무실에 방문하는 입장이었습니다.

우리 사무실을 방문한 사람들은 대개 서로의 입장 차이에 압도돼 위축되곤 했지만 대표는 처음부터 당당했습니다. 사무실 문을 당차게 열고 들어와 논리적으로 프레젠테이션을 이어 갔습니다. 자기 일을 좋아하고 잘 알 때 나오는 묘한 자신감이 시종일관 평가자인 나를 압도했습니다. 도대체 그녀의 저력은 어디서 나오는지 궁금했습니다. 사업이 모두 마무리되고 헤어지던 마지막 날, 커피를 마시며 나눈 대화가 아직도 기억에 남습니다.

"직장 생활 시작한 지 얼마 안 됐죠? 선배들 만나 봐야 이래라저래라 조직 생활 이야기나 해 줄 텐데 거기에 끌려다니지 말고 우선 돈부터 모아요. 돈이 없으면 나중에 하고 싶은 일이 있어도 못 해요. 가족한테 뭐든 하고 싶다고 말도 못 하고요."

대표는 무역 회사에서 직장 생활을 시작했다고 했습니다. 당시 여자는 혼자였고 여성으로서 첫 임원도 됐다는군요. 그러나 본인의 노력과는 별개인 사내 문화의 무례함이 너무 불편했다고 했습니다. 오래 일하지 못할 거란 직감이 들자 일찍 서울에 집부터 마련하고 투자를 시작했다고 했죠.

어느 정도 자산이 쌓이자 자연스레 회사를 나와 하고 싶은 사업에 도전했고, 지금은 너무 행복하다는 말을 덧붙였습니다. 경제력을 가져야 평소에 하고 싶었던 일에 도전할 수 있다는 말을 듣고 고개가 끄덕여졌습니다. 덕분에 나도 경제적으로 자립해 40대 중반에는 직장에서 은퇴하겠다는 목표를 가졌습니다. 허무맹랑했지만 그런 목표라도 양복 안주머니에 품으니 출근하기가 한결 수월했습니다.

29살 투자 새내기, 강남 부동산에 입성하다

우선 내 집 마련부터 나섰습니다. 주식도 있고 다른 투자 자산들도 있는데 왜 집부터였을까요? 집은 내가 꿈꾸던 미래이기도 했지만, 벗어나고 싶은 과거이기도 했습니다.

나는 대학에 입학하면서 처음 지방에서 서울로 올라왔습니다. 서울은 아파트와 고층 빌딩 천지였습니다. 그 틈에서 원룸을 옮겨 다닐 수밖에 없는 자취생의 삶은 낯설고 고달픕니다. 옆방에 어떤 사람이 사는지, 역까지 걸어서 몇 분이 걸리는지, 화장실에 하수구 냄새가 올라오지는 않는지 등 이전까지는 신경조차 쓰지 않던 문제들을 이사 다닐 때마다 따져야 했죠. 원룸에서 원룸으로 이사를 다녀 본 사람은 알 것입니다. 매년 그 과정을 반복하는 일이 얼마나 지긋지긋한지요. 내 안에는 번듯한 집에 대한 소유욕이 자라고 있었습니다.

29살 때였으니까 비교적 젊은 나이였습니다. 지금은 부동산 시장에 붐이 불면서 20대 투자자가 크게 늘었지만 당시에는 20대가 부동산을 보러 다니는 분위기가 아니었습니다. 부동산은 부모님 세대의 전유물에 가까웠습니다. 특히 강남은 29살 젊은이에게 결코 친절하지 않았습니다.

입지적으로 강남만 한 곳이 없다고 생각해 무작정 강남의 부동산 사무실부터 방문했습니다. 부동산 사장님들은 저마다 개성이 강했고 노련했습니다. 내가 들어가면 어려서 구매력이 없어 보였는지 꼭 손님들 다 나간 다음에 아는 척을 해 주고, 어떨 땐 바쁘다며 긴 대화를 거부하기도 했습니다. 그들에게 인정받지 않는 한 제대로 된 이야기를 들을 수 없었습니다.

정장을 꺼내 입고 구두에 시계까지 갖춘 뒤 다시 부동산을 드나들었습니다. 그들이 쓰는 용어와 기본적인 부동산 상식, 톤과 매너에 익숙해지자 어느 순간부터는 내가 필요한 정보만 구할 수 있게 되더군요. 공인 중개사라고 모든 내용을 알지는 못합니다. 그들보다 더 알고 있어야 필요한 정보를 이끌어 낼 수 있습니다.

나는 사실 낯을 가리는 데다 먼저 아쉬운 소리 하기를 어려워합니다. 직장에 출근하면 최대한 진중한 척하고, 분위기에 맞춰 말을 신중히 하거나, 부탁도 최대한 먼저 하지 않고 부탁받지 않기를 바라죠. 그런데 내 돈이 걸린 일에는 적극적으로 변하고, 먼저 분위기를 휘어잡아 보려 하고, 아쉬운 소리도 쉽게 하게 되더군요. 이 경험은 나의 소망이 무엇인지 들여다볼 수 있는 계기가 됐습니다. 그런 은밀하고도 짜릿한 투자 욕망이 계속 투자할 수 있도록 도와주는 동기가 되기도 했습니다.

모든 사회 초년생이 당장 부동산부터 다녀야 한다고 말하고 싶진 않습니다. 최근에 만났던 부동산 사장님의 말씀이 기억에 남습니다. "젊어서 돈을 모은 것 같은데 무엇을 위해 그렇게 하세요?"라는 질문이었죠. 그 말을 듣고 흠칫 놀랐습니다. 사장님은 부동산을 자주 찾는 사람들에게 공통점이 있다고 했습니다. 그들은 50대가 되고 60대가 되어도 만족할 줄 모른다는 것입니다. 눈에 불을 켠 채 어디에 투자해서 어떻게 자산을 불릴지에 온 생을 몰두한다고 했죠. 욕심에 끝이 없으니까 아무리 벌어도 영원히 만족하지 못한다고 했습니다. 사장님은 나의 눈빛에서 그들의 눈빛을 보았는지 모릅니다. 그러면서 아직 젊은데 자신만의 취미를 발견하고 행복을 찾는 연습도 동시에 하라고 슬며시 말씀해 주셨습니다.

이런 이야기를 하니 세상이 참 복잡하게 느껴지지 않나요? 부동산 사장님 말씀에 틀린 부분이 하나도 없죠. 한편 뉴스에서는 연일 고공행진하는 부동산과 주식 소식뿐이니 혼란스러울 수밖에요. 이 세상의 고민이 카페에서 아메리카노를 마실까 라테를 마실까 정도라면 사람들의 마음은 더 쉽게 편안해질 수 있을 텐데요.

인생에는 어느 정도 수수께끼가 필요한가 봅니다. 젊은 나이에 돈을 풍족히 벌었다고 해서, 혹은 남들보다 궁핍한 처지라고 해서 대세에 큰 지장은 없습니다. 오히려 일정한 수준에서 만족하려는 태도도 나쁘지만은 않습니다. 돈의 가치가, 혹은 의미가 구석구석 모두 뚜렷해져 버리면 싱거운 인생이 되지는 않을까요?

전문 투자자가
아니어도
부자가 될 수 있다

회사 앞 중국집에서 짜장면을 먹는데 후배가 질문을 했습니다.

"사회 초년생이 투자로 돈을 모으려면 어떤 단계를 거쳐야 합니까?"

막상 이런 질문을 받으니 어떤 답도 쉽게 하지 못했습니다. 다음 만남에서 아는 데까지 말해 보겠다고 대답을 얼버무린 채 집에 돌아와 진지하게 생각해 봤죠. 과연 사회 초년생이 투자로 돈을 모으려면 무엇부터 해야 할지 말입니다. 일단 처음에는 블로그든, 유튜브든, 책이든 가능한 한 투자 이야기를 많이 읽고 들어야 합니다. 김빠지는 대답처럼 들릴 수 있지만 사실입니다. 그렇다고 노트에 모든 정보를 필기하고 밑줄을 그으며 파고들 필요는 없습니다. 투자 구루의 말도, 성공한 전업 투자자의 말도, 기관 투자자의 말도, 애널리스트의 분석도 일단 가볍게 들어 보는 겁니다.

단, 마음에 드는 사람의 말이든 마음에 들지 않는 사람의 말이든 가리지 않고 듣는 열린 자세가 중요합니다. 편견에 빠지지 않도록 최대한 많은 이야기가 나를 통과할 수 있게 말이죠. 장황하고 듣기 좋은 말만 하는 사람들은 경계하고 실질적인 이야기에 귀를 기울여야 합니다. 우린 학자가 아닌 기술자가 되어야 하니까요. 어떤 논리 구조를 기반으로 하는지, 그 논리에 빈틈은 없는지 관중의 입장에서 경기를 지켜보듯 살펴보면 됩니다. 꾸준히 탐색하는 과정에서 차츰 나에게 맞는 투자법, 공감이 가는 투자자를 만날 수 있습니다. 그런 다음 아이템 모으듯 내게 어울리는 투자법을 하나씩 수집해 봅니다. 혹은 어울리지 않는 방법을 제거합니다.

이제 투자에 나서 봅니다. 우량 자산부터 시작해야 대중의 심리를 엿볼 수 있습니다. 처음에 수익을 거둘 수도 있고 손실을 볼 수도 있습니다. 각 상황에 따라 나의 심리가 어떻게 변하는지 집중해 보세요. 대중이 가는 방향으로 휩쓸리는지, 어떤 포인트 때문에 대중과 반대로 가는 결심을 하는지 매 순간의 판단을 끊임없이 복기해 봅시다. 조급할 필요는 없습니다. 당장 결론을 내릴 필요도 없습니다. 초반에는 최대한 객관적인 시각을 유지한 채 투자를 지켜보는 경험을 쌓는 시간이 필요합니다.

잃지 않으려면 확신을 경계하라

일찍부터 '투자란 이런 거야', '역시 투자는 가치 투자가 최고야', '주식은 도박이야', '지수는 전혀 참고하지 않겠어'라는 식의 극단적인 결론을 내리는 사람은 투자에 부적합할지 모릅니다. 투자 경험이 쌓이면서 '음, 역시 이게 맞군' 하는 확신이 머릿속에 든다면 '아니야, 잘못된 판단일 수 있어'라고 생각해 봐야 변화하는 자산 시장에 유연하게 적응할 수 있습니다. 투자란 확신에 확신을 더하는 것이 아니라, 오류를 미세하게 바로잡는 과정에 가깝기 때문입니다.

내가 투자를 시작하면서 잘했다고 생각하는 점은 '나는 이 전쟁터에서 최고가 아니다'라는 마인드와 '수익은 운이었다'는 조심스러운 태도였습니다. 이는 타고난 성향이었다기보다 워낙 주변으로부터 투자에 부정적인 말을 많이 들어 두려움이 많았고, 최소한 잃지 않는 투자를 해야겠다고 결심했기 때문에 가진 마음가짐입니다. 그러다 보니 어떤 문제에 직면했을 때 쉽게 결론짓는 일을 경계했습니다. 대신 다양한 생각과 정보를 수집해 현상을 있는 그대로 보려고 노력했습니

월급만으로 부자 되는 집중 투자법

다. 덕분에 상황이 변할 때마다 발 빠르게 대응할 수 있었죠. 그럼에도 판단이 어렵다면 차라리 내 생각과 반대로 가거나 판단을 하지 않는 쪽을 선택했습니다.

이를테면 우량한 회사 A의 주가가 정부의 규제로 크게 급락했다고 합시다. 하락한 주가를 따라 언론 보도 역시 부정적이기만 할 것입니다. A 기업의 성장성이 축소됐고 물린 사람들은 한동안 고생할 수밖에 없으며 기업의 미래가 끝났다는 비관적인 논리와 의견들만 가득합니다. 하필 금리 이슈나 환율 이슈가 터져 시장 전망도 암울해지죠.

나는 이런 현상을 목격했을 때 '정말 망하는 건가? 이유는 무엇이지?'라고 굳이 스스로 질문하고 답을 찾으려 하지 않습니다. 대신 '이런 경우도 있구나', '혹시 좋아하는 자리(차트상 내가 자주 수익을 냈거나 익숙한 자리)에 가격이 왔나?'라는 선에서 판단을 끝냅니다. 그런 자리라면 손절 계획을 잡고 적극적으로 대응하기도 합니다. 갑자기 소용돌이가 발생했을 때 같이 휩쓸리기보다 차라리 한 발짝 떨어져 지켜보면서 내가 판단할 수 있는 부분에만 집중하는 겁니다.

모든 수익이 운이었다는 생각이 들면 계속되는 운은 존재할 수 없다는 생각이 들기 마련입니다. 어차피 한 번은 망가질 수 있으니 기회가 될 때마다 수익을 챙기게 되고, 뜻대로 상황이 흘러가지 않을 땐 시장과 멀어지려 노력하게 되죠. 두근거리는 마음이 가라앉고, 성공의 기쁨이나 실패의 좌절감이 잊힐 즈음 다시 조심스레 시장에 돌아오길 반복했습니다.

특정 자산 시장에 집착하려 하지 않았습니다. 주식 시장을 들여다 보다가 딱히 마음에 들지 않을 땐 굳이 투자를 하기보다 부동산 애플리케이션에 들어가 괜찮은 매물은 없는지 살펴보며 생각의 방향을 전환해 봅니다. 그러다 또 비트코인 가격이 올랐다거나 하락했다는 뉴스를 읽게 되면 가격이 개인적으로 좋아하는 패턴으로 변화하는지 들춰 보기도 합니다. 힘겨운 시장에 들어가 어렵게 판단하며 확률 낮은 투자를 하기보다 익숙한 패턴, 익숙한 자리를 찾아가려 노력했습니다. 완전 무장하고 적진에 침투하는 대신 저격수처럼 자리를 지키며 기회를 엿보는 겁니다.

대가의 방법에 자기만의 투자법을 더하라

재테크를 시작했을 땐 당연히 어떠한 감도 없이 막연한 두려움만 있었습니다. 사업하는 집안에서 자라지도 않았고, 주변에 일찍부터 투자에 나서는 친구들도 없었습니다. 아내와는 맞벌이 부부였으니 먹고사는 문제가 시급한 상황도 아니었습니다. 딱히 돈에 관한 안 좋은 추억이나 강한 열망이 있던 것도 아니었죠. 소비에는 크게 관심이 없었고 돈은 당연히 절약하며 악착같이 모아야 하는 줄로만 알 뿐이었습니다. 내 집을 갖고 싶다는 단순한 욕구에서 출발한 일이 책까지 쓰는 결과로 이어질 줄은 상상도 하지 못했습니다.

처음엔 무지함을 무기 삼아 단순하게 접근했습니다. 나는 투자를 할 때 고스톱을 자주 떠올렸습니다. 어떻게 하면 작게 패배하고 크게 승리할 수 있는지 그 방법을 찾는 데 열중했습니다. 몇 번의 시행착오 끝에 쓸 만한 방법을 구축할 수 있었습니다. 물론 결점은 있었으나 당시에는 꽤 유용한 시작이었습니다. 부족한 점은 꾸준히 보완해 나갔습니다.

앞으로도 유념하고 싶은 점은 '아무것도 확신할 수는 없다'는 것입니다. 나는 뉴스나 숫자를 조합하고 논리를 만들어 내기보다는, 내가 지니고 있는 몇 개 안 되는 투자 도구를 끊임없이 갈고닦고 거기에 시장을 비추어 봅니다. 투자를 너무 무겁게 시작하거나 처음부터 대가의 투자법을 습득하겠다는 도전 정신은, 물론 모두 그렇지는 않으나 훗날 결과가 좋지 않을 때 다시 원점으로 되돌아오기가 어렵습니다. 대가의 투자 방법이 틀렸다는 말이 아닙니다. 평범한 사람이 꼭 투자 전문가처럼 공부하지 않아도 자기만의 방법을 구축할 수 있다는 이야기를 하고 싶었습니다. 그러므로 재무제표를 완벽하게 분석할 자신이 없다거나, 산업 현황까지 들여다보며 기업 가치를 정확하게 파악할 자신이 없어도 투자를 포기하지 마세요.

투자한 자산 가격이 오르락내리락하는데 평정심이 유지됐다면 나로서는 거짓말입니다. 그나마 이런 상황을 견딜 수 있던 이유는 확신이나 신념 때문이 아니었습니다. 과소비하지 않는 평소의 습관이 이

진폭을 견디게 했습니다. 혹시 무너진다고 해도 다시 일어설 수 있다는 막연한 믿음이 있었습니다. 최악의 경우, 처음 시작했던 신혼 시절로 돌아간다고 해도 당시에 큰돈 들이며 살지 않았으니 다시 할 수 있을 거라는 생각이 마음속에 자리하고 있었으니까요. 결국은 단단한 소비 습관이 중요하다는 이야기입니다. 앞으로 자주 하게 될 이야기를 벌써 하고 말았네요.

실패를 막는 하나의 질문
"나는 똑똑할까,
멍청할까?"

투자를 5년이나 해 왔고 분명 남들보다 좋은 성적을 거두었지만 나는 여전히 스스로를 초보 취급하기 위해 노력합니다. 실제로는 초보 티를 거우 벗은 수준이지만 언제든 시장에서 아웃당할 수 있다고 여깁니다. 왜냐하면 시장의 잔혹함은 누구에게도 예외가 없고 스스로를 초보가 아니라고 생각하는 시점부터 실제로 깡통을 찰 확률이 높아지기 때문입니다.

지식과 경험이 풍부할수록 자신의 의견을 뒷받침할 근거는 견고해질 수밖에 없습니다. 이는 위험에 크게 노출되는 원인이 됩니다. 그러므로 자신은 다를 거라며 자신 있게 시장에 참여하는 분이 있다면 스스로를 무지한 인간으로 낮추는 연습부터 해 봐야 합니다.

일반적으로 사람들이 귀가 얇아서 투자에 실패한다고 합니다. 남들이 좋다고 한 곳에 무분별하게 투자하다 망한다고들 하죠. 하지만 실제로 내 주변에는 투자 조언을 열린 마음으로 받아들이는 사람이 잘 없었습니다.

처음에는 조언자의 말을 듣는 척하고 의견도 구하지만 사실 이미 자신의 기준이 정해져 있었습니다. 그래서 타인의 의견을 자신의 기준과 확신을 견고히 하는 데 사용하더군요. 애초에 투자할 생각도 없으면서 누군가의 추천만 구하기도 합니다. 질문은 하지만 스스로 답을 정해 놓은 것입니다. 아이디어를 들었다면 자신의 생각을 깨부수고 재조립하고 테스트하기를 반복해야 하는데 항상 덧대기만 합니다.

가끔 나에게 투자 종목을 물어 오는 친구가 있습니다. 나는 기업 분석에 많은 시간을 쓰지 않습니다. 시장을 예측할 능력도 없죠. 다만 내 기준에 따라 어느 종목이나 상황을 평가하고 답을 줍니다. '잘 모르겠지만 나라면 지금 그 가격에 투자하진 않을 것 같다'라든가, '시장이 불안하니까 조심해야 하지 않을까'라며 우회적으로 의견을 밝힙니다. 그럼 그 친구는 알겠다고 한 다음 날부터 본인이 물었던 기업에 관한 긍정적인 기사나 분석을 내게 보내 줍니다. 도대체 왜 그러는 걸까요? 결국 그가 듣고 싶은 답은 정해져 있었습니다. 타인의 의견을 들으려던 것이 아니고 자신의 의견에 확신을 더하고 싶었을 뿐입니다.

시장을 예측할 수 없음을 인정해야 한다

요즘 텔레비전에 경연 프로그램이 자주 방송됩니다. 결승에 임박할수록 실시간으로 시청자 문자 투표가 함께 이루어지죠. 거의 모든 경연에서 확인할 수 있습니다만, 심사 위원의 평가와 대중의 투표 결과가 크게 어긋나지 않습니다. 투자도 이와 비슷합니다. 시장이라는 경연 대회에서 1등 할 참가자를 고르면 됩니다. 실제로 영국의 경제학자 케인스가 주식 시장을 미인 대회에 빗댄 일화는 유명합니다.

시장에 참여한 사람들은 의외의 실수를 저지릅니다. 1등을 뽑는 데 집중하는 대신 일단 전문가가 되려고 하죠. 본인은 전문 심사 위원이 될 수 있고 그들의 시각에서 경연 대회를 바라봐야만 1등을 골라낼 수 있다고 착각합니다.

예를 들어 평생 노래 한 번 불러 본 적 없는 사람이 단기간에 장윤정만큼 노래 노하우를 쌓을 수 있다고 생각하거나, 장윤정만 된다면 1등 할 가수를 예측할 수 있다고 가정합니다. 하지만 일단 누구든 장윤정이 될 수는 없습니다. 설령 된다고 해도 언제 될 수 있을지 기약이 없습니다. 더 문제는 장윤정이라고 해서 1등을 완벽히 예측할 수 없다는 것입니다.

투자 고수라는 사람들의 블로그나 유튜브에 들어가 보세요. 고수의 관점을 보러 왔다면 쭉 살펴본 다음 취할 내용만 취하고 버릴 내용은

버리면 그만입니다. 그런데 참 이상하죠. 댓글 창에는 저마다 각자의 방식대로 논리를 펼치는 사람이 꽤나 많습니다. 건전한 토론이 될 수 있다면 모르겠지만 다른 사람의 이야기를 들으러 와서 자기 의견만 보여 주기 바쁩니다. 인간은 끊임없이 자신의 논리를 과시하고 싶은 경향이 있나 봅니다. 그리고 그것을 평가받고 싶어 하죠. 이는 초보자는 물론 지식이 많은 중급 이상의 투자자에게서도 발견되는 공통적인 특징입니다.

우리는 투자로부터 경제적 자유를 찾는다고 믿지만 실제로는 자존감을 찾는 중이 아닐까요? 유년 시절에 갈망했던 '인정 욕구'가 투자에도 발현됐을지 모릅니다. 투자 시장은 불완전한 자존감을 확실한 수치로 검증받을 수 있는 곳이기 때문입니다. 이러한 이유 때문에 투자를 거부하는 사람들도 있습니다. 성숙하고 분별 있는 자신이 투기꾼이나 판치는 곳에 동참하기란 상상할 수 없는 일이겠죠. 굳이 시장에 들어가 좌절할 이유가 없음을 무의식적으로 감지했을 테고요.

노벨 경제학상 수상자인 리처드 탈러는 대다수 사람이 자기 자신을 평균 이상으로 생각한다고 지적했습니다. 투자는 내 짧은 경험에 의하면 약점에 관한 것입니다. 남에게 절대 보이고 싶지 않은 나의 나약한 내면과 대면하는 과정이죠.

투자란 내가 정상이 아니라고 고백할 수 있어야 하고 유치하고 허약하고 다중적이라는 점부터 인정하는 일입니다. 어떤 고수라도 시장의 방향을 온전히 예측하지 못합니다. 내가 무언가를 예측하려 하거나, 한곳과 한 생각에만 집중하고 있거나, 판단의 방향이 기존의 생각을 견고하게만 하고 있다면 무언가 잘못되고 있을 확률이 높습니다. 내가 딛고 있는 자리가 살얼음판 위는 아닌지 돌아보고 또 돌아봐야 합니다. 고수와 하수를 막론하고 투자 세계에 진입한 사람에게 해야 할 질문은 다음과 같습니다. "당신은 얼마나 멍청한가요?"

유동성의 바다에서는 급등부터 대비할 것

'내가 돌았지!'

투자할 때 어떤 경우에 가장 속이 쓰렸나요? 투자한 자산의 가격이 하락해 쓴맛을 보는 날도 그렇지만 내 경우엔 '그때 전 재산을 털어 투자했더라면'이라는 생각이 드는 순간이었습니다. '왜 올인하지 못했을까. 이런 배짱으로 무슨 투자를 한단 말인가?' 하는 자책이 들면 자려고 누웠다가도 벌떡벌떡 일어나고 나를 태우지 않은 채 불쑥 솟아 버린 빨간 불기둥이 경광봉처럼 천장 위를 떠다녔습니다.

인간은 위험을 회피하려는 경향이 있습니다. 본능적으로 급락을 두려워하기 때문에 어떻게 하면 손실을 피할지만 궁리하죠. 투자를 아예 하지 않거나 정말 적은 돈으로 투자하게 됩니다. 그리고 나선 항상 아쉬워합니다. 속절없이 올라간 자산 가격을 바라보며 말입니다. 사실 경제가 성장을 멈추지 않는 한 자산의 가격은 끊임없이 오를 수밖에 없습니다. 그렇다면 급락보다 급등을 대비해야 하는 걸까요?

인플레이션과 거품을 견디는 자산의 힘

시장에 돈이 풀렸을 때 자산 가격은 어떤 식으로 움직여 왔을까요? 2008년에 금융 위기가 터지면서 미국의 나스닥 종합 지수는 1300까지 떨어졌습니다. 위기를 극복하기 위해 미국의 중앙은행은 천문학적인 돈을 시장에 풀었습니다. 그 결과라고 콕 집어 말할 순 없어도 나스닥 지수는 지난 10년 동안 거의 7배 가까이 상승했습니다.

금융 위기 이후 10년 동안 풀린 돈도 엄청나다고 하는데 코로나19 팬데믹 이후엔 불과 수개월 만에 그 이상이 시장에 풀렸습니다. 과거엔 댐을 세우고 가뭄 때마다 수문을 개방했다면 이제는 유동성이 높아져 바다가 돼 버린 것 같습니다. 한 번도 경험하지 못한 세상이 왔습니다. 우리는 어떻게 대비해야 할까요? 강가에서 배를 모는 법과 바다에서 배를 운행하는 법은 달라야 합니다. 바다는 우리를 단번에 집어삼킬 파도가 존재하는 곳임을 생각해야 하고요.

2020년 말 국제 금융 협회가 추산한 전 세계 빚의 총액은 277조 달러, 한국 돈으로는 약 30경 원입니다. 전 세계 GDP를 모두 합한 액수의 3.6배에 달하는 엄청난 규모입니다. 세계 정부는 어디서 이렇게 많은 돈을 구해 시장에 풀었을까요? 바로 중앙은행이 찍어 낸 빚입니다. 지금은 위기 상황이라 무차별적으로 빚을 발행하고 있지만 결국 언젠가는 갚아야 할 돈입니다.

빚을 갚는 방법은 2가지가 있습니다. 직접 갚거나 돈의 가치를 하락시켜 실질적인 규모를 줄이는 것이죠. 정부가 빚을 직접 다 갚기는 현실적으로 어렵습니다. 그만큼 세금을 거두어야 하니까요. 시장에 풀린 풍부한 유동성을 흡수하고 싶어도 긴축이 시작되고 시장이 발작하면 제일 먼저 타격을 받는 사람들은 사회의 약자 계층인 서민과 영세 업자입니다. 정부는 대중의 저항에 부딪힐 수밖에 없습니다. 긴축을 결정하는 주체인 정치인은 표를 잃을까 봐 걱정하게 됩니다.

그러므로 정부는 인플레이션을 어느 정도 용인할 수밖에 없습니다. 화폐 가치를 하락시켜 빚의 규모를 줄이게 됩니다. 화폐 가치가 하락하면 누가 고통에 빠질까요? 당연히 호주머니나 통장에 돈을 화폐로 갖고 있는 사람들입니다. 바로 자산을 보유하지 못한 사람들이죠. 안타깝게도 다시 서민과 영세한 자영업자들이 피해를 입습니다. 인플레이션 유발 정책은 긴축에 비해 대중이 당장 체감하기가 어렵습니다. 세금을 많이 거두는 정책보다 저항이 상대적으로 크지 않습니다. 자본주의 구조에서는 경기가 회복과 위기를 반복합니다. 사이클이 지속되는 한 정부는 위기 때마다 빚을 지고 위기가 지나면 빚의 규모를 줄이기 위해 화폐 가치를 하락시킬 수밖에 없습니다. 현대 사회에서 인플레이션은 어쩌면 필연적인 셈입니다.

급락을 대비하는 만큼 급등도 대비하라

오스트리아 출신의 미국 경제학자 슘페터는 "대중이 시장 경제를 이해한다는 것은 정신적 묘기처럼 어려운 일"이라고 말했습니다. 실제로 지옥으로 가는 길은 언제나 선의로 포장돼 있습니다. 코로나19 위기 동안 세계 시장에 공급된 재난 지원금, 피해 보전금 등 유동성과 선심성 복지 정책은 어쩔 수 없는 측면이 있었습니다. 하지만 부동산이든 주식이든 소유한 자와 그렇지 못한 자의 격차가 벌어지고 있습니다. "모든 인플레이션은 화폐적 현상"이라고 말했던 밀턴 프리드먼이 공짜 점심은 없다고 괜히 강조하진 않았을 것입니다. 간접적으로든 직접적으로든 중앙은행이 정책 수단을 동원해 시장에 돈을 풀면 화폐 가치는 하락할 수밖에 없습니다.

한편 월가의 전설적인 투자자인 제레미 그랜섬은 미국의 경제 방송 인터뷰에서 거품을 경고하고 있습니다. 현재 쌓인 이 거대한 빚으로 인해 1929년 대공황, 2000년 닷컴 버블처럼 금융 역사에 남을 위기가 다가올 수 있다고 말합니다. 우리가 투자한 자산이 폭락에 휩쓸려서는 당연히 안 되겠죠. 그럼에도 시중의 넘쳐 나는 부동 자금은 끊임없이 자산 시장으로 쏠리고 있습니다. 사람들은 현재의 조건과 상황에서 벗어나기를 아주 싫어합니다. 하던 대로 하기를 좋아하죠. 괜히 투자했다가 손실을 보고 괴로워할 바엔 차라리 아무것도 안 하는 쪽을 선택합니다. 하지만 복권도 긁어야 당첨을 꿈꿔 볼 수 있습니다. 아직 젊다면, 급락만큼 급등도 대비해 봐야 하지 않을까요.

투자의 시작,
당신의 돈 버는
DNA부터 깨워라

우리가 사는 곳이 인도라면 가난을 변명할 수 있을지 모르겠습니다. 신분제 사회니까 계급 탓을 해 버리면 그만입니다. 하지만 자본주의가 근간인 사회에서는 다릅니다. 아무 때나 아무 자산에서나 불기둥이 치솟는 환경에서는 부가 아무리 대물림된다 하더라도 가난이 능력 탓으로 치부되는 경향이 있습니다. 똑똑한 사람들 사이에서는 더 그렇겠죠.

스스로 생각하기에 머리가 좋거나, 학창 시절에 공부를 잘했거나, 좋은 직업을 가졌더라도 자산을 축적하지 못했다면 왜 그러지 못했는지 설명해야 하는 난처한 상황에 처하는 경우가 생깁니다. 이건 굉장히 괴로운 일이기도 합니다.

기회를 잡는 사람은 출렁이는 파도를 견딘다

취업하자마자 처음 집을 보러 갔던 동네라 또렷이 기억하는 아파트가 있습니다. 2016년도였고 강남구 개포동의 대청역 바로 앞에 있는 아파트였습니다. 강남구에선 비교적 비싸지 않은 축에 속했죠. 17평, 19평, 21평의 소형 평수로만 구성된 복도식의 오래된 아파트였으니까요. 당시에 내가 방문했던 부동산의 사장님은 이런 말씀을 해 주셨습니다.

"부동산은 오르락내리락하지만 올라요. 내가 복덕방을 수십 년 했는데 한 번도 떨어진 적은 없었어."

존댓말과 반말이 섞인 특유의 능숙한 말투와 함께 테이블 위의 종이에는 우상향하는 아름다운 곡선이 그려졌습니다. 나이가 지긋하신 부동산 사장님은 그래프를 수천 번은 그려 본 듯 손동작에 어떤 막힘도 없었습니다. 확신이 가득한 목소리와 눈빛에서 '이거 사기 아닌가'라는 느낌이 들 정도였습니다. 가격 상승을 종교처럼 신봉하는 모습이 의아했으니까요.

월급만으로 부자 되는 집중 투자법

2015년에만 해도 17평, 19평, 21평 아파트는 3, 4, 5억 원 수준이었습니다. 그런데 1년 사이에 값이 올라 2016년엔 4, 5, 6억 원이 됐습니다. 그나마 19평 저층 매물이 급매로 4억 7,000만 원에 나왔으니 재빨리 잡아 두라고 했습니다. 저는 홀린 듯이 계약을 시도했습니다. 당시 전세가는 3억 원대에 형성되던 시기라 1억 7,000만 원만 마련하면 계약할 수 있었죠. 결혼을 6개월 앞둔 시점에서 그때까지 모았던 내 돈과 아내가 모은 돈, 그리고 마이너스 대출만 받으면 충분히 도전해 볼 만했습니다. 하지만 주변 모두가 뜯어 말리더군요. 19평에 5억 원은 당시만 해도 말도 안 된다는 분위기였습니다. 지방 광역시의 45평짜리 아파트가 5억 원도 안 되는 곳이 수두룩했으니까요. 게다가 1년 사이에 1억 원이나 급하게 올랐으니 떨어지길 기다려 보라고 했습니다. 나조차 당시엔 첫 경험이라 겁먹고 관두게 되었습니다.

최근에 우연히 그 아파트의 시세를 알게 됐습니다. 무려 15억 원까지 올라 있었습니다. 당시에는 꿈에서조차 상상하지 못할 일이 불과 4, 5년 만에 눈앞에서 벌어진 것입니다.

우린 이런 말도 안 되는 상황을 어떻게 받아들여야 할까요? 급등했으니까 곧 폭락할 것이라며 하락을 기도하거나, 이제 기회는 사라졌다며 좌절할 수도 있습니다. 하지만 비관도, 부정도, 또 다른 낙관도 크게 도움은 되지 않습니다. 있는 그대로 현상을 받아들이는 객관적인 태도가 최선입니다. '이렇게 오를 수도 있구나', '올랐으니 떨어질 수 있겠구나', '이런 일이 반복될지도 모르겠구나' 정도로 말이죠.

위험을 피하고 싶은 인간의 본성 때문인지 사람들은 끊임없이 걱정만 합니다. 만약 전세를 끼거나 대출을 받아 5억 원짜리 아파트에 투자했다고 하면 그것이 4억 원이 되고 3억 원이 될까 봐 불안해하죠. 지구가 멸망해서 아파트 가격이 0에 수렴한다고 해도 우리가 잃는 돈은 5억 원입니다. 5억 원이 결코 작은 돈이라는 의미는 아닙니다. 다만 아무런 결정도 하지 않았을 때 우리가 놓칠 수 있는 돈의 액수가 10억 원 또는 그 이상일 수도 있다는 것입니다.

버블은 두렵지만 기회는 두려운 곳에 있습니다. 유동성이 넘실거릴 땐 출렁임 위에 올라탈 줄도 알아야 합니다. 요즘은 자산 시장에 ETF 같은 패시브 자금이 크게 늘었습니다. 기계적으로 거래하는 시대라 어떤 자산이든 시세가 오를 때 확 오르고 내릴 때 확 내리는 경향이 있습니다. 자산의 적정 가치를 따지는 일이 큰 의미가 없어 보이는 경우가 생깁니다. 천재 트레이더 제시 리버모어는 이런 말을 했습니다. "투자로 성공하려면 상승장에서 적극적으로 최선을 다하고 상승장이 끝나기 전에 시장을 떠나라"고요.

코로나19 이후 동학 개미가 등장했습니다. 새로 시장에 유입된 사람들 중에는 자산 가격 상승을 맹목적으로 신봉하는 이들도 보입니다. 언론에서 장기 투자만 하면 수익이 날 것처럼 달콤한 말을 쏟아내는 전문가들 때문이겠죠.

"10년 바라보고 매수하는 거야"라는 말을 쉽게 내뱉는 세상은 위험합니다. 우량주를 사서 장기간 보유한다고 모두 수익을 낼 수 있다면 왜 수많은 사람이 시장에서 도태됐을까요? 좋은 투자 대상을 고르기가 어렵고, 인내하기는 더 어렵기 때문입니다. 자산 가격은 대체로 우상향하지만 파동을 동반합니다. 배는 목적지를 향해 꾸준히 전진하더라도 출렁이는 파도를 견디는 사람은 소수입니다. 중간중간 포기하는 사람들이 생기니까요. 우리는 투자에 앞서 스스로가 출렁이는 파도를 견뎌 낼 수 있는 인간인지, 손실을 어떻게 관리할지, 자기만의 투자 방법을 어떻게 꾸릴지부터 고민해야 합니다.

자산은 오르거나 내리거나 둘 중 하나임을 기억하자

그렇다면 어떤 파도에 올라타야 할까요? 세상에 다양한 인간 군상이 있듯 자산에도 여러 유형이 있습니다. 투자해서 돈을 버는 기술도 다양합니다. 일단 자산 시장에 참여하기로 했다면 자산 간 우열을 가릴 필요는 없습니다. 자산 시장도 사람이 참여하는 곳이라 텃세와 편견이 존재합니다. 예를 들면 부동산에만 투자하는 사람은 주식을 도박쯤으로 취급합니다. 주식 투자자 중에서도 가치 투자를 지향하는 사람은 단기 트레이딩을 투자로 인정하지 않죠. 가치 투자자 입장에서 비트코인은 아무런 가치도 없는 투기 자산일 뿐입니다. 하지만 나는 그 어떤 편견에도 동의하고 싶지 않습니다. 노동으로 돈을 벌지 않는 이상 투자란 결국 오르거나 내리거나 둘 중 하나에 베팅하는 행위니까요. 굳이 자산끼리 우열을 나누면서 스스로 기회를 박탈할 필요는 없을 것 같습니다. 지금은 어떤 시기에 어떤 자산에서 급등이 나올지 모르는 시대입니다.

내가 생각하는 투자의 핵심이자 출발점이라면 '모든 자산의 공통점은 가격이 오르거나 내린다'는 점이며 그 확률은 반반이라는 사실입니다. 자산의 가치는 갑자기 상승하기도 하고 하락하기도 합니다. 유동성의 바다에선 급등과 급락이 더 자주 더 크게 나타나겠죠. 이런 가격 변동을 대비해서 투자의 마음가짐과 자금 관리 기술만 익혀도 시장으로부터 도태되거나 무모한 베팅으로 무너져 내리지 않을 수 있습니다. 혼란에 빠지는 대신 변동성을 투자의 기회로 삼을 수 있죠.

사실 초조하고 지겹기도 합니다. 유동성으로 시작해 투자를 부추기는 이야기들 말입니다. 돈이 풀렸고 투자에 나서지 않는다면 도태될 거라는 경고도 때론 불편하기만 합니다. 한가로이 살고 싶은 내 페이스를 경마장의 경주마처럼 바꿔야 할 것 같은 초조한 분위기를 조장하니까요. 이런 이야기라도 느긋하게 주고받을 수 있으면 좋겠습니다만 돈이 끼어든 이야기는 어쩐지 불편합니다. 외면하고 싶고 마음이 무거워지는 경향이 있습니다.

당신이 쫓기지는 않았으면 합니다. 급등을 대비한다고 당장 주식 계좌를 열어 매수 버튼을 누르라거나 부동산 현장에 나가 보라는 뜻은 아니니까요. 이제부터 변동성을 활용하는 방법을 소개하려고 합니다. 이 방법들을 함께 익혀 나간 후 투자에 나서도 늦지 않습니다. 그럼 시작해 보겠습니다.

2장

회사 다니면서
가장 빨리
자산을 불리는
원칙

저축×집중 투자 콤비네이션

수익률 말고
수익금을
키워라

횡단보도 신호등의 초록불이 켜지고 건너야 하는 시간이 절반 남았을 때쯤 그 아래에 초록색 숫자가 나타납니다. 이 숫자는 건너던 사람은 속도를 내고 건너기 전이라면 멈추라는 의미입니다. 고등학생 때 달리기에 자신 있던 내게 그 숫자는 왠지 출발 신호처럼 보였습니다. 시간이 적게 남을수록 기록을 측정하듯 달렸죠. 5초가 남은 시점에도 나는 건널 수 있다는 위험한 승부욕을 발휘하곤 했습니다.

그날에도 초록색 카운트다운이 시작되자 멀리부터 뛰기 시작했습니다. 거리로 보나 남은 시간으로 보나 분명 건너지 말아야 할 상황이었습니다. 급히 달리느라 우회전하며 횡단보도에 진입하는 차량을 보지 못했습니다. 다행히 미세한 차이로 사고를 면했지만 나도 놀라고 운전자도 크게 놀랐습니다. 아마 그 차도 초록불이 얼마 남지 않았으니 '설마 사람이 건너겠어?'라는 마음에 진입했겠죠. 운전자는 나이 지긋하고 마음 따뜻한 어르신이었습니다. 그가 창문을 내리더니 이렇게 말씀하시더군요.

"학생, 보질 못했어. 정말 미안하네. 어디 다친 데는 없는가. 그래도 조심해야 하네. 사람 목숨 그거 한순간이야."

승부욕과 탐욕과 초조함은 사람의 목숨도 한순간에 앗아갈 수 있습니다. 무리할수록 부담할 위험은 커지기 마련입니다. 투자도 마찬가지입니다. 투자를 마치 경쟁자와의 승부로 여기며 욕심을 낼수록 마음은 초조해지고 시야는 좁아집니다. 나를 향해 맹렬히 돌진하는 위험을 보지 못하게 되죠. 자기 자신을 맹신하지 마세요. 리스크 관리에 소홀해집니다. 이는 공든 탑이 한 방에 무너지는 원인이 됩니다.

큰돈 벌 기회를 잡으려면 어떻게 해야 할까?

가급적 빠르게 자산을 키우고 싶은가요? 혹시 이 책을 읽으면서도 급한 마음이 드는 분을 위해 부자가 되는 핵심부터 이야기하면 다음과 같습니다.

1. 죽을힘을 다해 시드부터 모으기.
2. 시드가 모였다면 우량 자산 중 소외되거나 대중의 의심이 남아 있거나 값싸진 자산 찾아내기.
3. 차트를 확인해 변곡점인지 확인하기.
4. 손절 시나리오를 준비한 다음 저축해 둔 시드로 집중적으로 투자하기.
5. 한동안 기다리기.
6. 시장에 다시 환호성이 들리고 가격이 제자리를 찾거나 급등이 나올 때 매도하기.
7. 1번부터 6번까지의 과정을 최소 1~2년에 한 번, 6년 동안 3회 이상 반복하기. 그리고 어느 순간 만족하고 멈추기.

Tip. 1번이 가장 어려운 절차임을 깨닫기.

젊음과 시간은 기회입니다. 일찍 시작해 위 과정을 반복할수록 초기 자산을 키울 수 있습니다. 실제로 투자로 부를 일군 사람 중에 차근차근 돈을 번 사람은 잘 없습니다. 기회가 왔을 때 크게 벌고, 열심히 지키다, 다시 기회가 왔을 때 크게 버는 식입니다. 어느 정도 자산이 모이면 자연스레 분산 투자를 하게 됩니다. 분산해도 이미 시드의 규모가 커진 상황이라 상승 사이클이 도래했을 때 다시 점프하듯 자산 규모가 상승합니다. 자산 상승의 그래프는 멀리서 볼 때 우상향하는 직선이지만 가까이에서 보면 계단식입니다. 불리고 지키고, 불리고 지키기를 반복하니까요.

일반적으로 처음 투자하는 사람은 시드가 작을 수밖에 없습니다. 그래서 수익금보다 수익률에 신경 쓰게 되죠. 당연히 높은 수익률 없이는 큰 수익금도 없겠으나 투자의 성과는 수익금으로 측정됩니다. 수익금 대결로 갈 경우 당연히 시드가 큰 사람이 유리합니다. 똑같이 50만 원을 벌어도 100만 원을 투자해 50%의 수익을 올리는 것보다 1,000만 원을 투자해 5%의 수익을 내는 방법이 더 빠르고 확률 면에서도 월등합니다.

초보라도 수익률 말고 수익금 키울 방법부터 연구해야 실력을 갖출 수 있습니다. 소액으로 몇 배 벌겠다며 무리하게 테마성 소형 자산을 골라 투자하기보다, 최대한 투자 금액부터 키운 다음 우량한 자산에 투자하는 습관을 들이는 전략이죠.

월급만으로 부자 되는 집중 투자법

"나는
시드가 작아서 안 돼요"라는
말의 함정

자, 그럼 시드는 어떻게 키워야 할까요? 우리는 본능적으로 돈을 열망하면서도 외면하고 싶어 합니다. 신입 사원 시절에 커피라도 한잔하며 돈 이야기를 하게 되면 "난 이제 막 취업해서 일하기도 바빠. 재테크는 다음에 생각할래"라며 말도 꺼내지 못하게 막는 동료가 있었습니다. 반대로 또 다른 동료는 "여기 투자하면 괜찮다던데 어떻게 생각하느냐"며 먼저 아이디어를 공유하곤 했죠.

첫 번째 동료는 투자를 세속적으로만 취급했습니다. 투자에 관심이 없으니 저축도 악착같이 하지 않았습니다. 두 번째 동료는 투자를 외면하는 무관심이 오히려 게으름이라고 여겼습니다. 어디에 투자할지 고민하며 하루하루 이 악물고 돈을 모았습니다. 각자의 선택에 의한 결과겠으나 5년이 지난 지금 두 동료의 자산 격차는 꽤나 크게 벌어졌습니다. 부지런히 시드부터 모았던 동료는 일찍 내 집 마련에 성공했습니다. 3년 만에 집값은 2배가 되었으며 주식으로도 돈을 불렸습니다. 투자에 관심 없던 동료는 여전히 전셋집에 살고 이제야 집을 알아보기 바쁩니다. 주식 투자로 집을 사겠다며 얼마 되지 않은 시드로 2배, 3배 수익률을 목표 삼습니다. 둘의 자산 격차는 이제 못해도 10배 이상 벌어졌습니다. 불과 5년 사이에요.

　수익금 이야기를 할 때 필연적으로 따라오는 반응은 "나는 시드가 작아서 안 돼요"라는 말입니다. 그러나 시드를 키우는 방법이 따로 있을 리가 없습니다. 시드는 첫째는 관심, 둘째는 저축으로 키울 수 있습니다. 처음 내 수중에 100만 원이 생겼다고 당장 투자를 계획할 필요는 없습니다. 1,000만 원을 만들기 위해 어떻게 900만 원을 모을지부터 고민해야 합니다. 그것이 투자의 첫걸음입니다. 100만 원을 투자해서 1,000만 원으로 불리겠다는 생각은 욕심입니다. 10배 수익이라니요.
　1,000만 원이 생겼다고 당장 투자에 나설 필요도 없습니다. 연 수익 20%일 때 수익금은 200만 원입니다. 물론 투자의 효율이 저축의 효율보다 높아지는 시점은 사람마다 다르겠지만 월 소득 200만 원 수준의 직장인이라면 투자로 고생하면서 불확실한 200만 원 수익을 목표로

삼기보다 저축을 통해 확실한 200만 원을 모으는 편이 효과적이지 않을까요?

높은 수익금은 목돈에서 나온다

투자를 할 수 있는 최초 시드가 정해져 있진 않습니다만 나는 자기 연봉쯤을 추천하고 싶습니다. 연봉쯤은 저축만 열심히 한다면 2년마다 모을 수 있는 금액입니다. 압축적으로 저축해 보지 않은 사람은 시드를 모으는 데 자신이 없고 본인의 시드가 작아서 어쩔 수 없다며 수익률 높은 투자를 좇습니다. 소위 말하는 '잡주'에 투자하기도 하고, 심지어 그것마저 분산하는 경우를 자주 봤습니다. 그러나 수익적으로도 정신적으로도 소수의 우량 자산에 물량을 크게 싣는 연습을 하는 편이 장기적으로 유리합니다.

나도 처음부터 시드가 있지는 않았습니다. 취업과 동시에 아껴 쓰기 시작했습니다. 결혼한 이후에도 불필요한 소비는 지양했습니다. 동갑내기 아내와 12평짜리 월셋집에서 신혼 생활을 출발했습니다. 비록 12평이라도 공간이 분리됐다는 게 그저 좋았습니다. 사실 맞벌이 부부였고 둘 다 소득이 있었으니 더 큰 평수에 살아도 됐을 것입니다. 하지만 결혼을 앞둔 때는 돈이 물처럼 새는 시기면서 동시에 목돈을 크게 모을 수 있는 시기입니다. 우리는 기회를 놓치고 싶지 않았습니다. 결혼 비용을 줄이고, 축의금과 각자 여태 모은 돈을 합쳤습니다. 덕분에 젊어서 처음 목돈을 마련할 수 있었습니다. 우리는 삶을 여기저기 전시하기보다 나중에 좋은 환경에서 아이를 키울 수 있도록 좋은 곳에 집부터 사 두자는 공동의 목표를 달성하기로 했습니다.

이케아 비닐 옷장 하나에 두 사람의 옷을 보관하고 살았습니다. 공간이 좁아 화장실 안에 샤워실도 따로 없었죠. 샤워기는 세면대 위에 걸어 두고 세면대 아래에 쭈그리고 앉아 몸에 물을 뿌릴 땐 스스로가 한없이 초라하게 느껴지기도 했습니다. 그래도 서로 원하는 직장을 다니고 있었고, 같은 곳을 바라보며 함께 걷는다는 든든함이 있어 행복했습니다.

사실 저축은 중압감으로 다가오기도 합니다. 마치 젊음과 교환하는 것 같아 주저하게 될지도 모릅니다. 그러나 내가 주변 시선을 의식해 결혼식을 성대하게 치르고, 신혼집부터 제대로 갖추고 살았다면 내 집 마련의 기회를 놓쳤을 것입니다. 누군가가 내게 아무도 부동산에 관심 없던 2016년에 어떻게 첫 투자를 크게 할 수 있었느냐고 묻는다면 목돈이 있었기 때문이라고 답하고 싶습니다. 결혼하던 시점에 다른 사람들이 하는 것을 하지 않고 돈을 모아서였는지 누가 주머니에 공짜로 목돈을 꽂아 주고 간 기분이었습니다. 남들에게 없는 돈이 우리에게만 생긴 기분이라 과감한 투자를 결단할 수 있었습니다.

솔직히 나도 때로는 극단적으로 저축하는 사람들을 보면 적잖은 불편감이 들 때가 있었습니다. 왜 저렇게까지 하는 걸까 하는 마음이 들기도 하죠. 누군가는 나를 보면서 그런 감정을 느낄지 모릅니다. 하지만 취업하자마자 돈을 아꼈기 때문에 일찍 부동산 시장에 뛰어들 기회를 잡았습니다. 부동산으로 초기 자산을 탄탄히 구축한 덕분에 이후 비트코인과 주식에 목돈을 투자할 수 있었죠.

저축 습관은 평정심을 유지하는 도구다

아끼는 행복과 쓰는 행복 사이에서 여전히 고민되나요? 재테크를 결심했다면 취업하고 딱 6년만 아껴 보세요. 소비는 마음만 먹으면 아무 때나 할 수 있습니다. 투자도 하다 보면 익숙해집니다. 그런데 저축은 할 수 있는 시기가 정해져 있습니다. 취업하고 결혼할 때까지, 그리고 결혼해서 아기를 낳기 전까지 말입니다. 아기가 커 가는 상황에서 저축하기는 어렵습니다. 저축관이 확고한 나도 어렵더군요. 아기가 태어나면 저축은 10배 힘듭니다. 절약을 내 아이한테까지 강요하긴 어렵기 때문입니다. 그러므로 딱 6년만 저축에 힘써 보세요.

소비의 즐거움을 부정하지는 않습니다. 그러나 소비와 취향을 중시하는 사람들에게 왜 그것이 저축보다 중요한지 설명을 부탁하면 그들은 이 질문 자체를 비낭만적으로 여기곤 합니다. 악착스러운 저축에는 감성이 결여됐다는 식입니다. 그들은 대화를 하면서도 소비란 돈으로 하는 것임에도 돈은 써야 모아진다는 논리로 나아가는 모순을 보이기도 하죠.

조금 과격히 말해서 투자는 원초적으로 그 기제가 도박과 크게 다르지 않습니다. 수익이 났다고 해도 거기서 끝이 아닙니다. 어느 수준에서 수익을 실현할지, 수익금을 재투자할지 끊임없는 고민과 결정의 연속입니다. 손실이 났을 때에도 마찬가지입니다. 가격은 끊임없이 변합니다. 따라서 투자자는 지속적으로 언제 매수하고 매도할지 판단하게 됩니다.

저축이 습관화되지 않고는 돈을 냉정하게 다루기 어렵습니다. 자산 수준에 따라 생활 방식이 변하는 사람들이 있습니다. 이들은 손절해야 하는 순간 욕심을 부리며 손절하지 못하고, 베팅하지 말아야 하는 순간 욕심에 눈이 멀어 크게 베팅하는 실수를 범합니다. 투자가 익숙하지 않은 초보자에게 절제하는 습관과 태도는 그 자체로 평정심을 유지하는 훌륭한 도구가 되어 줄 것입니다.

한편 자본 시장에서 시드는 내구력을 의미하기도 합니다. 나와 당신이 똑같이 1만 원을 보유한 상황에서 30분 동안 동전 던지기 게임을 한다고 가정해 보겠습니다. 앞면이 나오면 당신이 1,000원을 갖고 뒷면이 나오면 내가 1,000원을 갖습니다. 30분이 지났을 즈음 각자의 주머니에는 높은 확률로 1만 원이 남아 있을 것입니다. 그런데 당신이 2,000원, 나는 1만 원을 보유한 상황에서 게임을 시작하면 어떻게 될까요? 당신의 경우 불과 2번만 연속해서 뒷면이 나와도 빈털터리가 됩니다. 결국 나는 1만 2,000원을 갖고 당신은 모두 잃은 채 게임이 끝날 확률이 높습니다. 시드가 충분해야 확률이 반반인 게임에서 이길 확률을 높일 수 있는 셈입니다.

티끌 모아 티끌일 리가 있나요? 저축은 대충 하고 투자로만 크게 돈을 벌 수 있을까요? 저축은 누군가 시킨다고 할 수 있는 일이 아닙니다. 모아서 어떻게든 해 보겠다는 욕구를 스스로 느껴야 해낼 수 있습니다. 아무도 '오늘 하루 잘 아꼈군요' 하고 당신의 어깨를 토닥이며 칭찬해 주지 않습니다. 가속이 일어나기까지는 어쩔 수 없이 꾹 참는 수밖에 없습니다. 같이 참아 봅시다.

자신의
연봉만큼 모으고
투자하라

    대졸 신입 사원의 평균 연봉은 얼마쯤 될까요. 2021년 기준, 국내 787개(대기업 267개, 중소기업 520개) 기업을 대상으로 한 취업 플랫폼 잡코리아의 조사 결과, 대졸 신입 사원의 평균 연봉은 대기업이 4,121만 원, 중소기업은 2,793만 원이라고 합니다. 통계청 결과를 찾아보니 남자는 평균적으로 33세, 여자는 31세쯤 결혼한다고 하고요. 혹시나 바로 아기를 갖게 되면 남성의 경우 평균적으로 35세, 여성은 33세 전후가 됩니다. 20대 후반 또는 30대 초반에 대체로 직장 생활을 시작하니까 취업하고 아기 낳기까지 대략 6년의 시간이 걸린다고 가정할 수 있습니다.

얼마의 시드가 적당한지 다양한 의견이 있지만 앞서 이야기했듯이 2년 동안 자기 연봉쯤 모은다면 투자를 시작할 수 있습니다. 이는 최소 수치이며, 더 빨리 더 크게 모을수록 초반 기세를 잡기에 유리합니다. 아껴 쓰는 사람의 1년 생활비는 엇비슷할 것입니다. 결국 연봉이 높은 회사에 입사할수록 1년 저축액은 커질 수밖에 없습니다. 젊은 시절에 투자보다 몸값 올리는 데 집중하는 노력이 중요한 이유기도 하죠. 연봉만큼 모아서 여기저기 분산 투자를 하는 대신 모은 시드로 집중 투자를 한 다음 다시 연봉만큼 빠르게 모으길 반복한다면 수익을 극대화할 수 있습니다.

매년 복리로 10%씩만 수익을 내면 큰 부자가 될 수 있다고 합니다. 이것을 복리의 마법이라고 하죠. 아인슈타인은 "복리는 인류 최고의 발명품"이라고도 했습니다. 복리 수익은 '72의 법칙'으로 계산할 수 있습니다. 예를 들어 연 복리 수익률이 10%일 때 원금이 2배가 되는 시기는 7.2년입니다. 당연히 복리로 꾸준히 수익을 낼 수 있다면 이처럼 훌륭한 전략은 없습니다.

하지만 뜯어보면 초보 투자자가 결코 가볍게 접근할 전략은 아닙니다. 전체 자산을 계속 재투자해서 매년 10%씩 수익을 거두는 일이 쉽지 않기 때문입니다. 만약 자산의 절반만 투자한다면 매년 20% 이상 수익을 거둬야 하고, 한 해라도 손실이 나면 다음 해에는 자기 전체 자산 기준 20% 이상 수익을 내야 합니다. 복리의 마법은 투자에 나서면서 과도한 욕심은 경계하라는 정도의 조언으로 생각해야 합니다. 마법이 괜히 마법이 아니겠죠.

연봉만큼 저축하면 투자의 시계를 앞당길 수 있다

6년이라는 시간이 길어 보여도 저축을 하지 않는 사람에게는 자신의 연봉조차 모으기 빠듯한 시간입니다. 중간에 자동차를 구매하고, 결혼 비용을 지출하고, 명품 가방이나 시계도 사고, 여행을 다니기 시작하면 목표 금액과 점점 멀어질 테니까요. 그러다 보면 아마 저축보다 자신의 투자 실력을 믿고 싶어질지도 모릅니다. 굳이 궁상맞게 고생할 바엔 재테크 책이나 열심히 읽고 돈이 돈을 버는 마법을 부리도록 만들면 된다고 생각할 것입니다.

하지만 자기 실력을 믿지 마세요. 차라리 시장을 신뢰하세요. 자산이란 어느 정도 묵혀야 키울 수 있습니다. 일단 열심히 모은 다음 이땅 저 땅에 파묻고 시장이 제대로 묵혀 주어야 합니다. 여기저기 묻는 과정에서 자산을 고르는 자신만의 기준, 방법, 안목도 생길 것입니다. 실패 확률을 줄이고 성공 확률은 지속적으로 높아지게 되죠.

투자는 맞벌이 부부에게 더 유리합니다. 결혼 초기라면 한 사람의 연봉만으로 생활이 가능하겠죠. 1년마다 부부 어느 한 쪽의 연봉만큼 모을 수 있으니 투자의 시계는 2배 앞당겨집니다. 시드와 대출을 적당히 혼합해서 내 집 마련부터 하고, 빠르게 다시 연봉만큼 모아 여기 저기 파묻어 두면 초반 기세를 끌어올릴 수 있습니다. 나는 결혼 전부터 타던 13년 된 차를 지금도 타고 있습니다. 지긋지긋하지만 결혼하고도 저축하고 투자하기를 반복하느라 차 바꿀 시기를 놓쳤습니다. 그러나 취업하고 차부터 샀더라면 지금에 와서 크게 후회할 뻔했습니다. 덕분에 자산이 자산을 키우는 경험을 절실히 했기 때문입니다.

내 연봉만큼 처음 모았을 때 느꼈던 벅찬 감정이 아직도 기억납니다. 회사 일부터 시작해 사회에서 경험하는 모든 일들이 불확실하고 뜻대로 되지 않는데 돈만큼은 정확하고 투명하게 쌓였습니다. 사실 투자로 불어나는 기쁨에는 곧 사라질지 모른다는 불안감과 허황된 감정이 함께 존재했지만, 절약은 한 만큼 통장에 숫자가 찍히니 즐거움에 오차가 없었죠. 물론 저축도 어느 순간 몇 십, 몇 백, 몇 천만 원으로 단위가 커지면서 욕심에 끝이 없겠다는 생각이 들어 가급적 빠르게 자산을 키우고 소비와 저축 사이에 균형을 찾자는 결론에 이르렀지만, 투자하기 위해 한 번쯤은 꼭 느껴야 할 성취감이었다는 생각이 듭니다.

자, 다음은 저축한 시드로 어떻게 집중 투자를 할지 6년이란 시간을 기준 삼아 이어 가 보겠습니다. 리스크를 관리하는 법과 자산을 선택하는 기술도 함께 설명하겠습니다.

진정한 투자는
반반의 확률을
깨닫는 것부터 시작한다

　말콤 글래드웰은 저서 《다윗과 골리앗》에서 물적 자원이 있어서 얻는 강점이 있는가 하면, 물적 자원이 없어서 얻는 강점도 있다고 했습니다. 그리고 약자가 행동에 나설 때 자주 승리를 거두는 이유는 물적 자원이 없어서 얻는 강점이 종종 물적 자원이 있어서 얻는 강점과 맞먹기 때문이라고 했습니다. 젊은 사람들에게는 시드가 없지만 시간이라는 자원이 있습니다. 시간이 있다는 건 기다려 볼 수 있다는 뜻입니다. 혹시 실패하더라도 만회할 기회가 있다는 뜻이죠.

　시장은 오르고 내릴 확률이 반반입니다. 그럼 투자가 도박이냐고 반문할지도 모르겠으나, 투자는 반반의 확률을 깨닫는 데서 출발해야 합니다. 매수하는 사람들은 이 자산이 오를 확률을 50% 이상으로 판단하거나 내릴 확률은 50% 이하라고 가정할 가능성이 높습니다. 하지만 이러한 확신은 초보자를 쉽게 위험에 빠트립니다. 자기 확신에 갇혀 본인의 생각을 강화하는 방향으로 정보를 수집하기 때문입니다. 그 대신 오르거나 내릴 확률이 반반이라는 명확한 개념만 머릿속에 있으면 오르든 내리든 당황하지 않고 자신이 구축한 시나리오대로 대응이 가능합니다.

지극히 낮은 확률이라도 복권에 당첨되는 사람은 늘 존재합니다. 부동산, 주식, 비트코인 시장에도 큰 수익을 거둔 사람은 언제나 등장합니다. 간혹 그들은 말합니다. 당신이 공부를 안 했기 때문에 수익을 거두지 못했다고, 공부만 하면 자신처럼 수익을 낼 수 있을 것이라고요. 물론 공부해도 원하는 목적을 달성하기 어려운 시장에서 공부하지 않으면 당연히 더 잘할 수 없겠지만 결국 어떤 비결이 있을 거라고 목맬 필요는 없습니다. 차라리 5대5의 확률을 믿으세요. 노이즈나 비결에 몰두하는 대신 자기만의 기술을 개발하게 될 것입니다.

투자 준비는 철저하게, 실천은 단순하게

최근 자산 시장을 냉정히 돌이켜보겠습니다. 특별한 공부 없이 전 재산을 비트코인에만 투자했던 사람, 아마존 주식에만 투자했던 사람, 강남 아파트만 사 모았던 사람이 최고 수익을 거두었습니다. 한편 비트코인이 드라마틱하게 상승했어도 돈을 벌었다는 사람은 극소수입니다. 증권 회사 통계에 따르면 상승장에도 수익을 내는 개인 계좌는 극히 일부라고 하죠.

현실 세계에서 고수는 10%도 채 안 될 것입니다. 기존의 고수에 비해 일반인 투자자가 수익을 낼 확률은 끽해야 10%에도 못 미친다는 뜻입니다. 고수가 되는 데 베팅하는 대신 한 종목에만 집중 투자를 한 사람, 그러니까 단 한 번의 투자만으로 50% 확률에 베팅하고 성공한 사람이 어떤 면에선 더 현명했다고 할 수 있습니다. 솔직히 일반인 초보 투자자는 한 번 투자하고 수익을 거둔 다음 시장에 다시 돌아오지 않는 선택이 가장 훌륭한 방법입니다. 투자의 성공 확률이 50%나 되니까요.

2021 도쿄 올림픽 체조 도마 결선 경기를 보게 됐습니다. 4년을 준비하고 단 2번 뛰어서 메달의 색깔이 결정되는 경기였습니다. 해설자가 그러더군요. "다른 생각 하지 말고 준비한 대로 심플하게 뛰면 된다"라고요. 선수들의 몸에 새겨진 근육들은 그가 얼마나 오랜 시간 다양한 준비를 했는지 보여 주고 있는데 그저 단순하게 뛰면 된다니요. 그런데 불과 1초를 날아오르는 데 복잡하게 생각할 필요는 없는 것도 사실입니다. 이것저것 준비했어도 결정적인 순간에는 단순함이 최선일지 모릅니다. 투자도 마찬가지입니다.

당신이 모르는 사이에 기회는 계속 지나가고 있다

2016~2017년에 강남의 아파트는 매매가와 전세가에 큰 차이가 없었습니다. 그 당시에도 비싸다는 평가가 지배적이었습니다. 그래도 결혼식 비용을 아끼고, 번듯한 신혼집과 혼수만 포기할 수 있었다면 직장인 부부가 대출을 받아서 내 집 마련에 나설 수 있었습니다. 매매가와 전세가의 차이를 이용해 살고 싶은 지역에 집을 일단 사 두고 평생 갚아 나갈 각오만 있었다면 말입니다. 내 집 한 채는 물론 두 채, 세 채까지도요.

2018년에 일어난 비트코인 광풍을 기억하나요? 블록체인 혹은 암호화폐가 무엇인지 정확히 몰라도 돈이 몰리는 곳엔 언제나 기회가 있습니다. 솔직히 나 같은 문과생이 블록체인의 기술을 이해하고 확신할 수 있다면 비트코인은 투자 대상으로 매력을 상실한 것일 수 있습니다. 누구나 좋다고 생각할 때가 투자 세계에선 가장 위험하니까요.

2020~2021년에는 한국도 미국도 주식 가격이 가파르게 올랐습니다. 심지어 안전 자산이라는 채권까지 오르는 에브리싱 랠리의 시기였습니다. 가정은 의미가 없지만 이런 기회 때마다 두 번, 세 번 어설프게 분산하지 말고 집중적으로 투자했다면 지금 얼마나 큰 자산을 축적했을까요?

시장에 기회는 끊임없이 존재합니다. 준비된 사람만이 그 기회를 자기 것으로 만들 수 있습니다. 일반적으로 자산 가격 사이클이 10년마다 되돌아온다지만 그건 하나의 자산군에 국한된 이야기입니다. 자산군을 넓혀 보면 부동산, 비트코인, 미국 주식, 한국 주식 등 다양하게 존재합니다. 각 자산군이 저마다 10년 사이클을 따른다고 가정하더라도 조금만 시기를 달리해 움직인다면 2~3년에 한 번은 어느 쪽에서든 기회가 올 수 있습니다. 사이클의 저점에서 우량 자산에 집중 투자해 기회를 내 것으로 만들어야 시드의 사이즈를 키울 수 있습니다. 수익률도 중요하지만 수익금은 더 중요하기 때문입니다.

크게 사고 기다리기. 물론 이 책에서는 손절의 중요성과 리스크를 관리하는 법을 강조합니다. 큰 틀과 노하우가 그렇다는 것이지 크게 사야 한다는 말에 오해가 없었으면 좋겠습니다. 아무 자산에 전 재산을 투자하자는 말이 아니니까요. 예를 들어 재테크 초보자가 이번 달에 100만 원을 투자하고, 다음 달에 100만 원을 또 투자하기를 끊임없이 반복하지 말자는 이야기입니다. 큰돈을 벌고 싶으면서 계속 작은 돈만 투자하기 때문에 욕심만 늘어나고 안정성은 떨어집니다. 일반적으로 투자가 복잡하게 반복될수록 손실 확률은 높아지기 때문입니다.

물론 어떤 자산군, 어떤 종목을 선택하느냐가 매우 어렵습니다. 어느 기준으로 손절할지, 어느 시기에 매수하는지도 중요하죠. 적어도 종목이나 타이밍 둘 중 하나는 맞춰야 수익을 낼 수 있습니다. 부동산은 상대적으로 수월한 편입니다. 첫 집은 손절의 어려움도 없습니다.

월급만으로 부자 되는 집중 투자법

만에 하나 잘못돼도 눌러살면 되니까 타이밍도 걱정 없습니다. 땅은 움직이지 않는 성질이 있어서 서울 부동산 같은 핵심 지역은 지위가 유지될 것입니다.

주식과 비트코인은 부동산에 비해 상대적으로 분석이 어렵습니다. 잘 모를 땐 유명한 것을 살 수밖에 없는데, 매수해서 묻어 두는 방법을 쓰더라도 최소한 쌀 때, 그러니까 조정 시에 사서 기다려야겠죠. 그럼에도 간혹 그것이 긴 하락장의 한가운데로 빨려 들어가는 선택일 수 있으니 손절하는 기술이 있으면 유리합니다. 이어서 3가지 사례를 통해 좀 더 자세히 다뤄 보겠습니다.

단번에 자산을 불리는 급성장 전략 '저축 셋×집중 투자 셋'

　이제 거래 계획을 세울 단계입니다. 투자를 성공하기 위해서는 우선 어떤 시장에서 거래할지 결정해야 합니다. 그리고 선별한 자산에 집중적으로 투자를 집행해야겠죠. 기준에 따라 손절한다는 계획도 함께 세워야 합니다. 다른 사람의 거래 계획을 보는 것은 요리 레시피를 읽는 것과 비슷합니다. 몇 가지 새로운 요리는 배울 수 있겠지만 직접 재료를 썰어 보고 먹어 보며 당신의 취향을 찾아야 합니다.

　'저축 셋×집중 투자 셋' 전략은 취업하자마자 2년 동안 저축하고 특정 우량 자산에 집중적으로 투자한 뒤, 그다음 2년 동안 저축하고 또 다른 우량 자산에 집중 투자하는 식으로 저축과 집중 투자를 3회 반복하는 것이 기본 패턴입니다. 2+2+2 전략이죠.

혹시 투자하던 사이에 결혼했다면 이번엔 둘이 함께 2년의 저축 기간을 1년으로 당겨 볼 수 있습니다. 2+2+2 전략은 상황에 따라 응용이 가능합니다. 아마 시장에서 소외되고 상대적으로 값싼 우량 자산을 잘 고르기만 한다면 큰 변수가 없는 한 자기 연봉에 어울리는 기초 자산이 축적될 수 있습니다.

직장인을 위한 3가지 콤비네이션 거래 계획

더 쉬운 예를 들어 보겠습니다. 만약 2016년에 내 집 마련에 성공하고, 2018년에 나스닥 우량주와 2020년에 코스피 우량주에 각각 2년마다 집중적으로 투자했다면 이 3회의 투자만으로도 지금쯤 자산이 크게 불어났을 것입니다. 순서나 자산군을 조금만 바꿔도 결과는 마찬가지입니다. 2016년에 나스닥 우량주, 2018년에 내 집 마련, 2020년에 비트코인에 투자했다면 어떤가요? 내 집 마련하는 과정에서 부동산 대출이나 신용 대출을 동원했다면 자산 규모는 꽤나 커졌겠죠.

이 중에서 순서를 정해야 한다면 첫 투자는 내 집 마련부터 하기를 제안하고 싶습니다. 내로라하는 주식의 대가인 피터 린치 역시 주식 투자를 하기 전에 스스로 꼭 체크해야 할 것을 이야기했는데, 그 첫 번째가 내 집 마련이었습니다. 일단 집이 있어야 그다음 투자에서 여유를 찾을 수 있기 때문입니다.

　상황에 따라 전략을 응용한 3가지 사례를 가정해 봤습니다. 여기서 집중 투자란 한 자산군의 한 종목에 투자하는 것을 의미하며, 많아도 두세 종목 이내를 뜻합니다. 그리고 주식과 비트코인처럼 변동성이 높은 자산에 집중적으로 투자할 땐 반드시 보유한 시드 내에서만 투자해야 합니다. 주식 담보 대출 등 레버리지는 금물입니다.

연봉 7,000만 원 29세 남성의 3+1+1+1 콤비네이션

　A(남, 29세)는 연봉 7,000만 원의 전문직이며 수도권에 근무하고 있습니다. 부모님 댁에서 출근하기에 주거비를 아껴 매년 5,000만 원을 저축할 계획입니다.

　취업하고 첫 3년은 악착같이 저축만 합니다. 수도권 집값이 만만치 않습니다. 저축하는 3년 사이에 집값이 올라도 어쩔 수 없습니다. 조정이나 하락이 온다면 운이 좋은 셈이죠. 3년간 모은 1억 5,000만 원과 직장인 신용 대출로 총 3억 원을 마련합니다.

　매매가와 전세가의 차이를 이용해 직장 근처에 소형 아파트를 매수합니다. 그리고 다시 저축을 시작합니다. 내 집이 생겼으니 집중 투자 시기를 앞당깁니다. 1년 단위로 저축×집중 투자를 실행합니다. 3년간 3회의 기회를 가질 수 있겠군요. 첫 1년 동안 저축한 시드로는 국내 우량 주식의 한 종목, 많아도 두세 종목을 넘기지 않도록 선택해 집중 투자합니다. 이 종목은 자동차 업계나 반도체 업계의 1위 업체일 수도 있으며 2차 전지 업계의 1위 업체일 수도 있습니다.

다시 1년 동안 저축하고 이번엔 대중의 관심으로부터 멀어진 비트코인에 투자합니다. 마지막 1년 동안 저축한 시드로는 미국 나스닥의 우량한 주식을 골라 투자합니다. 6년이 지나면 35세가 돼 있겠군요. 결혼도 계획합니다. 37세가 되는 해쯤 수도권에 매수했던 소형 아파트와 국내 주식과 비트코인과 미국 주식을 매도해 서울 중심지에 내 집 마련하는 꿈을 상상해 봅니다.

저축 6,000만 원 30세 신혼부부의 2+1+1+2 콤비네이션

C(여, 30세)는 연봉 5,000만 원, D(남, 30세)는 연봉 4,000만 원인 회사원입니다. 둘은 취업하자마자 결혼한 신혼부부죠. 3,000만 원으로 1년 생활비를 해결하기로 합의했고 둘은 매년 6,000만 원을 저축할 수 있습니다. 결혼식은 간소하게 하고 월셋집을 얻어 신혼 생활을 시작했습니다. 축의금과 부모님으로부터 지원받은 결혼식 비용을 그대로 모았습니다.

첫 2년은 악착같이 저축에 돌입합니다. 여기에 결혼하며 아낀 돈을 더해 내 집 마련부터 합니다. 서울, 수도권, 지방 광역시 아파트 중 입지가 상대적으로 우수한 곳을 차례로 걸러 선택합니다. 현재 삶의 질을 중시한다면 신축, 지금은 고통스럽더라도 미래 가치를 극대화하고 싶다면 재건축이 가능한 아파트를 골라 봅니다. 부부 연봉의 10배 또는 여력에 따라 그 이상 수준의 집이면 괜찮은 것 같습니다. 첫 내 집 마련이니 가능하면 직장인 대출도 활용합니다. 2년이 부족하다면 3년으로 저축 기간을 연장할 수 있습니다.

내 집 마련 이후에는 1년 또는 2년 단위로 돈을 모으며 부동산 이외의 우량 자산에 집중 투자를 단행합니다. 만약 그 사이에 아기가 태어난다면 아마 저축이 힘겨워질 것입니다. 부모가 되면 집중 투자도 어려워집니다. 혹시 모를 손실을 더 예민하게 경계해야 하고 복구하기도 어려우니까요. 가능하면 취업하고 결혼한 후 초반 5~6년 내에 전력을 다해야 합니다.

연봉 3,000만 원 26세 여성의 2+2+2 콤비네이션

B(여, 26세)는 연봉 3,000만 원인 공기업에 취업했습니다. 지방 소도시에 근무합니다. 매년 2,000만 원을 저축할 계획입니다.

첫 2년간 저축해서 모은 시드로 코스닥 상위 10위권 내 기업을 하나 선택해 집중적으로 투자합니다. A에 비해 첫 투자가 위험해 보이지만 나이도 젊고 아직 미혼이라 감수해 봅니다. 대신 그 이후에도 좌고우면하지 말고 다시 2년 동안 부지런히 저축합니다. 그 사이에 지난 2년 동안 투자했던 주식이 올랐다면 매도하고 대출을 활용해서 직장과 가까운 지방 광역시에 내 집부터 마련합니다. 물론 2년이라는 시간 동안 처음 투자했던 종목이 하락했을 수도 있고, 광역시의 부동산 가격이 올랐을 수도 있습니다. 미래는 알 수 없습니다. 다음 투자 선택은 상황에 따라 달라질 수밖에 없습니다. 마지막 2년 동안 저축한 세 번

월급만으로 부자 되는 집중 투자법

째 시드로는 미국 S&P 500 지수에 포함된 우량 주식을 매수합니다. 과연 6년 뒤에는 어떤 결과를 받게 될까요?

결과는 아무도 알 수 없습니다. 하지만 투자했던 모든 자산이 0으로 수렴하는 일은 없을 것입니다. 6년이 지나도 아직 32세입니다. 마침 32세에 결혼하게 된다면 배우자와 함께 앞서 C와 D 부부가 썼던 방법을 비슷하게 진행해 볼 수도 있습니다. 20대 중반에 취업하고 저축해 집중 투자를 일찍 경험한 사람은 30대 초반에 한 번 더 기회를 갖게 됩니다. 이 과정에 필요한 기술, 즉 어떤 자산을 선택하고 어떻게 위험을 관리할지는 후에 구체적으로 설명하겠습니다.

저축×집중 투자 콤비네이션을 두 번이나 반복할 수 있고 적어도 자산 가격이 장기적으로 우상향하면 12년 뒤 B의 자산은 안정적인 수준에 도달할 것입니다. 저축 시기를 앞당기면 앞당길수록 재테크의 초반 기세를 잡기에 유리합니다. 연봉은 A와 C, D에 비해 B가 적게 출발하지만 일찍 시작한 만큼 동일한 40세가 됐을 때 가장 큰 규모의 자산을 보유하게 될지 모릅니다.

집중 투자를 감행할 수 있는 기회를 놓치지 말자

투자는 직접 경험하고 깨달아야 그 지식이 오랫동안 기억에 남습니다. 교과서부터 읽고 문제를 푸는 순서가 원칙이지만 아직 젊다면 문제부터 푼 다음 막힐 때마다 필요한 내용을 찾아 습득하는 것도 한 방법입니다.

　실력자가 된 다음에 돈을 모아서 투자해야겠다고 생각하면 늦습니다. 저축은 소홀히 하고 대가들의 책만 찾아 읽는다고 자산이 증식되진 않죠. 금리와 부동산 가격, 고용과 인플레이션, 환율과 세계 경제 등 복잡한 내용을 당장 이해한다 한들 투자에 성공한다는 보장은 없습니다. 오히려 재테크의 적기를 놓칠 수 있습니다. 직접 실행해 보고 어느 정도 윤곽이 선명한 기준을 터득한 사람은 일일이 공부할 필요가 없습니다. 기준을 갖고 필요한 지식만 동원해 곧장 자기만의 기술로 세밀하게 다듬어 가는 게 부자가 되는 더 빠른 길이며 평범한 사람이 받아들이기 훨씬 쉬운 투자법일 것입니다.

　이런 재테크 이야기를 하면 '상승장에나 통할 말이다. 하락장에는 뾰족한 수가 없다'고 반문할 수도 있습니다. 혹은 '꼭지에 물릴 바엔 안 하느니만 못하지 않느냐'는 지적도 가능하죠. 당연히 하락장에는 손실을 피하기 어렵습니다. 그건 투자 고수도 마찬가지입니다. 어떤 부동산이나 주식도 하락기에는 함께 하락합니다. 다만 종목 분산보다는 시점 분산과 자산 간 분산, 그리고 차트에서 변곡점 찾는 기술을 동원해 재테크의 골든타임을 기회로 만들어 보길 추천합니다.

　물론 이건 어디까지나 '나는 이렇게 했어요'라는 개인적인 경험이라 보편적이지 않을 수 있습니다. '젊으니까 고점에 물려도 기다려 볼 수 있지 않느냐는 말은 무책임하죠. 나이가 많든 적든 손실 구간에서는 버티기 쉽지 않으니까요. 그렇지만 집중 투자를 하지 않았다고 손실을 보지 않는 것도 아닙니다. 오히려 투자 대상을 잘못 분석하고 사랑에 빠졌다가 더 큰 손실을 입을 수 있습니다. 실력을 기를 시간조차 없는 투자 초기에는 분산 투자가 오히려 독이 될 수도 있습니다. 집중 투자라는 기회는 젊을 때가 아니면 시도하기 어렵습니다. 뒤늦게 시작하기가 매우 어렵기 때문에 취업하고 첫 6년을 강조합니다.

자, 그럼 저축 셋×집중 투자 셋 콤비네이션 전략은 어떤 식으로 리스크를 관리해야 할까요? 2년 혹은 1년마다 연봉만큼 종잣돈을 모아 어떤 자산, 어떤 종목에 투자하면 좋을까요? 어차피 오르고 내릴 확률은 5대5라지만 그래도 가능한 한 손실은 피하는 방향을 선택해야겠죠. 손실만 관리할 수 있다면 수익은 자연스레 발생하니까요. 계속 이야기를 이어 가 보겠습니다.

월급쟁이는
분산 투자 방법을
바꿔야 한다

투자 업계에서는 "계란을 한 바구니에 담지 말라"라는 말을 진리처럼 받드는 풍조가 있습니다. 집중 투자라고 하면 어쩐지 진리를 역행하는 말처럼 들리겠지만 위험을 관리하는 방법이 존재합니다. 종목을 분산하는 대신 시점과 자산을 분산하는 것입니다.

목숨을 걸고 투자하라고 말했던 전설적인 투자자 제럴드 로브는 그의 경험에 근거해 광범위한 분산 투자를 "무지를 위한 위험 회피 수단"으로 정의하기도 했습니다. 내 경험에 비추어 봤을 때도 종목을 소수만 보유하고 위기 때 비중을 조절해 주는 전략이 여러 종목을 보유하는 것보다 훨씬 효과적이었습니다.

자산 시장에 처음 진입한 초보자일수록 종목을 분산하려는 경향이 있습니다. 확신이 없기도 하고, 두렵기도 하고, '이것도 오를까, 저것도 오를까' 욕심에 휩싸이기 때문입니다. 하지만 냉정히 말해서 초보자가 발굴한 여러 종목 모두 미래 가치가 뛰어날 확률은 높기 어렵습니다. 차라리 한두 종목만 갖고 있다면 시장이 도와주거나 호재가 도와줘서 반전의 기회라도 노릴 수 있겠죠. 계좌 관리 경험이 없고 선구안도 부족한 초보자는 오히려 많은 종목을 한 포트폴리오에 보유할수록 손실 확률만 높아집니다. 시장이 오를 때 상대적으로 내 계좌는 덜 오르고 빠질 땐 더 빠지는 이유가 바로 그 때문입니다.

분할 매수 효과를 내는 시점 분산과 자산 간 분산

앞서 말했듯 저축은 어설프게 하고 투자는 복잡하게 할 바에야 확실하게 돈부터 모으고 단순하게 투자해 보자는 것입니다. 현대 자본주의 사회에서 경기 침체는 대체로 2~3년을 잘 넘기지 않습니다. 애써 저축한 시드로 어떤 자산에 투자했는데 마침 그 시점이 고점이라도 회복할 기회는 올 수 있고, 콤비네이션 전략에 따르면 1년 혹은 2년마다 시점을 달리해 투자하기 때문에 전 재산이 고점에 물리는 위험도 회피할 수 있습니다. 시점 분산으로 분할 매수 효과를 거두는 원리입니다.

시점 분산 말고 자산 간 분산도 가능합니다. 일반적인 분산 투자는 동일 자산군 안에서 종목을 분산하는 방식입니다. 그보단 2년에 한 번씩 자산을 달리해 투자해 보면 어떨까요?

2020년 3월 코로나19의 위기를 돌아보겠습니다. 국내 주식은 속절없이 폭락했습니다. 아무리 종목을 잘 골라 분산했더라도 시장 전체가 무너지기 시작하면 전문 투자자라도 감당할 재간이 없습니다. 실제로 그 시기에 수많은 전문 투자자가 시장에서 아웃되기도 했죠. 하락을 끝까지 버텨 회복기에 결국 수익을 거두었다고 해도 이는 철저히 운의 영역이지 리스크를 관리했다고 볼 수는 없습니다. 하지만 부동산과 주식을 함께 보유했던 사람은 달랐을 것입니다. 부동산 가격은 하락하지 않았으니까요. 위험을 분산하는 데 성공했다고 볼 수 있습니다.

자산 간 분산의 장점은 심리적으로도 작용합니다. 가급적 집부터 마련하고 투자에 나서기를 추천하는 이유이기도 합니다. 예를 들어 주식 시장에서 혹시나 큰 손실을 입었다 하더라도 내 집을 보유한 사람은 최소한 살 곳은 있다는 안정감을 스스로 찾습니다. 이는 긴박하거나 공포에 휩싸인 순간 냉정하게 판단하는 데 도움이 됩니다. 자산 가격이 하락해도 마음이 덜 초조하고, 상승하면 더 여유롭게 상황을 통제할 수 있죠.

이제 막 투자를 시작하는 젊은 사람들에게 무분별한 분산 투자가

월급만으로 부자 되는 집중 투자법

적합한 투자 방식인지는 의문이 듭니다. 게다가 통계적으로 정확히 증명할 수는 없지만 이상하게 나는 종목이 많을수록 지수가 오를 땐 내 계좌가 덜 오르고 내릴 땐 더 내리는 경험을 자주 했습니다. 내가 제대로 된 종목을 고르지 못한 결과였다고 해도, 평범한 개인 투자자가 여러 종목 전부를 제대로 고르기가 말처럼 쉬울까요? 나 역시 자신이 없었습니다. 스스로의 한계를 명확히 인식하는 것도 투자의 한 방법이라고 생각합니다.

저축이 왜 중요한지 감이 오나요? 또 저축 이야기를 한다고 생각할지 모르지만 중요하기 때문에 끈질기게 반복하게 됩니다. 인생의 전반기에 빠르게 자산을 축적하고 싶은 사람에게 현실적으로 가능한 선택지는 집중 투자입니다.

집중 투자는 태생적으로 위험을 내포합니다. 그래서 본능적으로 기피하게 되는 방법이기도 합니다. 하지만 저축만 제대로 할 수 있다면 '시점 분산'과 '자산 간 분산'이라는 리스크 회피 방법을 내 것으로 만들 수 있습니다. 혹시나 실패하더라도 나는 언제든 돈을 모아 다시 기회를 도모할 수 있다는 자신감이 있습니다.

게다가 투자 기간을 6년이란 긴 시계열 위에 놓아 보겠습니다. 투자를 집행하고 1년 또는 2년 동안 저축하는 시간은 현금을 비축하는 시기이자 장기 투자로써 자산이 익어 가는 기간입니다. 자연스레 현금을 보유한 채 투자를 이어 가는 구조라 그 자체로 위험이 관리됩니다.

저축을 체화한 사람은 투자에서 주도권을 쥘 수밖에 없습니다. 그렇지 않은 사람은 복잡하게 투자하면서 매번 끌려다닐 수밖에 없고요.

거래 규모를 키울 땐
변동성을 견딜
준비가 필요하다

여기 삼각형 모양의 달고나가 있다고 가정해 보겠습니다. 내가 주머니에서 10만 원을 꺼내 사람들에게 제안합니다. "누구든 1분 안에 삼각형 모양대로 떼어 낼 경우 이 돈을 주겠다"라고 말입니다. 많은 사람이 지원하겠죠. 이번에는 1,000만 원을 꺼내 들며 다른 제안을 합니다. "1분 안에 떼어 낼 경우 돈을 주겠으나 떼어 내지 못하면 총을 한 발 맞아야 한다"라고요. 아마 지원자가 없을 것입니다. 부담해야 하는 위험이 커졌기 때문입니다. 위험에 노출될수록 우리의 실행력은 확연히 저하됩니다.

초보자들은 소액을 들고 가볍게 시장에 진입합니다. 소액이라 결단력도 있고 실행력도 갖추었죠. 아무런 준비 과정 없이 소액을 투자하고도 종종 수익이 발생하기도 합니다. 하지만 그것을 실력으로 착각하여 거래 규모를 늘리는 순간 바로 손실을 보기 시작합니다. 훈련이 안 된 상태에서 투자 금액이 커지면 시장의 변동성을 견디지 못합니다. 실행력, 그러니까 정확한 시점에 손절하거나 변화에 민첩하게 대응하기가 어려워집니다. 달고나 게임처럼 나도 모르는 사이에 내가 부담해야 하는 위험이 커졌기 때문입니다.

갑자기 거래 규모를 키운다는 건 빠르게 돈을 벌어 보겠다는 심산입니다. 경험을 쌓은 투자자들은 잃지 않는 법을 고심하지만 초보자들은 조바심이 앞서죠. 투자금을 X% 비율로 잃게 되면 당신은 그다음 투자에서 X% 이상 수익을 내야 손실을 만회할 수 있습니다. 가령 -10%를 원금 수준으로 되돌려 놓기 위해서는 11%의 수익을, -20%면 25%, -30%면 43%의 수익을, -40%면 63%의 수익을 거두어야 합니다. 손실이 커질수록 복구는 요원해집니다. 마음이 급해지고 무리한 투자를 하게 되며 손실만 눈덩이처럼 불어나는 구조입니다.

당신이 현금을 비축해야 하는 이유

1년 또는 2년 간격으로 저축과 집중 투자를 반복하고 분리하면 저축하는 동안 포트폴리오에 현금이 비축된다는 장점이 있습니다. 수중

월급만으로 부자 되는 집중 투자법

에 현금이 전혀 없을 땐 무조건 시장이 오르기만을 기대하고 뉴스나 정보를 낙관적으로 해석하려는 경향이 생깁니다. 조바심이 들 수밖에 없습니다. 이때 현금은 가격 변동으로부터 심리적 냉정함을 유지하도록 도와줍니다.

현금은 쓰레기라고, 무조건 자산으로 바꿔 들고 있어야 한다는 말도 있습니다만 뜻하지 않은 깊은 하락장에서 현금만큼 소중한 안전장치가 없습니다. 현금을 보유한 상태에서는 시장을 좀 더 객관적으로 바라보게 되고 매수와 매도를 결정하는 판단이 날카로워집니다. 리스크 관리가 용이해지므로 장기적으로 현금의 낮은 수익성을 극복하는 효과를 거두게 되죠.

현금은 수비적으로도 훌륭하지만 사실 게임 체인저가 될 수 있는 조커이기도 합니다. 경기 후반에 투입돼 역전골을 넣으며 흐름을 완전히 뒤바꾸는 공격수 역할입니다. 초원의 맹수는 사냥을 자주 하지 않습니다. 수풀 사이에 웅크리고 한참을 기다리다 단 한 번의 움직임으로 먹잇감을 낚아챕니다. 현금을 보유한 투자자는 기회가 왔을 때, 혹은 시장이 필요 이상으로 과도하게 급락한 시점에 찬스를 내 것으로 만들 수 있습니다. 반복해서 말하고 있으나 수익금을 키우는 방법은 투자 대상에 비중 싣기와 그것을 싸게 사는 선택입니다. 보유 중인 현금은 어떤 자산이 뜻밖의 이유로 할인할 때 크게 매수할 수 있는 기회를 선물합니다.

고백컨대 나는 재테크 공부를 2가지 상황에서 심도 있게 했습니다.

첫째는 물렸을 때입니다. 왜 하락하는지, 기업이 문제인지 차트를 잘못 읽었는지, 심정적으로 어떤 지점에서 냉정함을 잃었는지, 다음에 어떤 부분을 조심해야 할지 등등을 되돌아보고 분석했습니다.

둘째는 현금을 들고 있을 때입니다. 새로운 투자 대상을 물색하며 지금 시점에 투자하기 적합한 자산은 무엇인지 자산끼리 비교를 하게 되고 이러한 관심은 어쩔 수 없이 사회 경제적 현상으로까지 이어집니다. 덕분에 시장과 투자를 바라보는 시야를 키우는 계기가 되었습니다. 알게 모르게 쌓인 지식들이 나의 직감 레벨을 한 단계씩 끌어올려 주었습니다.

집중 투자
자산을 선택하는
2가지 기술

　이제 자산을 선택할 차례입니다. 돈을 모았다고 아무 자산에나 집중 투자할 수는 없습니다. 경우에 따라서는 손절을 통해 기하급수적으로 손실이 발생하는 상황을 피할 필요도 있고요. 투자 대상을 고르는 안목, 수익을 극대화할 수 있는 기술이 뒷받침되면 좋겠죠. 각 자산에 관한 구체적 이야기는 뒤에 다시 할 기회가 있을 테니 여기서는 자산을 선택하는 2가지 방법부터 소개해 보겠습니다.

　첫 번째, 우량 자산의 가격이 하락하는 순간을 노린다
　대중의 관심으로부터 멀어진 자산에서 기회를 찾아봅니다. 거의 모든 우량 자산에는 사이클이 존재합니다. 장기적으로 우상향하더라도 단기적으로는 오르락내리락하는 성질이 있죠. 아무리 전망이 뛰어난 우량 자산이라도 하락하는 순간에는 실제 가치에 비해 비관적인 전망만 팽배합니다. 해 뜨기 전이 가장 어둡다는 말처럼 대중이 비관하는 자산일수록 더 하락할 가능성보다는 점차 반전이 나타날 확률이 높습니다.

우량 자산의 기준은 상대적입니다. 코스닥보다는 코스피, 알트코인보다는 비트코인, 빌라나 오피스텔보다는 아파트가 안전합니다. 변동성을 기준으로 안정성을 평가한다면 부동산, 주식, 비트코인 순일 것입니다. 물론 우량 자산이라고 해서 반드시 우상향하지는 않습니다. 10년 전 코스피 상위 10개 종목이 현재까지도 그대로 유지되지는 않으니까요. 대체로 우량 자산은 유명하고 망하지 않을 것 같은 자산이지만 이 설명 역시 추상적이죠. 이러한 한계를 극복하기 위해 나는 차트 보는 기술을 익혔으나 사람에 따라 재무 상태에 기인한 가치 분석이든 사업 구조에 근거한 평가든 어떤 한 가지는 기초적인 수준으로 익혀 두면 도움이 됩니다.

피터 린치는《피터 린치의 이기는 투자》에서 이렇게 말했습니다.

"20세기 들어서서 주가가 33% 이상 하락한 사건은 13번의 급락 중 가장 근래에 있었던 하락일 뿐이다. 앞으로 일어날 10% 이상의 하락은 41번째 하락이며, 만약 증시가 33% 이상 급락한다면 이는 14번째일 뿐이다. 또한 우량 기업을 헐값에 살 수 있는 14번째 기회이기도 하다."

두 번째, 자기만의 차트 보는 방법을 만든다

차트를 읽는 자기만의 기준을 갖춰야 합니다. 가격이 어떤 자리에서 지지 또는 저항을 받고 어떤 추세와 채널을 따라 움직이는지 파악할 수 있으면 됩니다. 가격 변동으로 만들어지는 차트는 선형적으로 그려지지 않습니다. 오를 확률과 내릴 확률은 똑같이 반반이라 하더라도 특별한 지점에서는 긴 추세를 형성하거나 강하게 반등하며 추세 자체를 급격하게 바꿔 놓기도 합니다. 기본만 알아도 긴 시계열 속에서 이러한 가격의 변곡점을 찾을 수 있게 되죠.

변곡점을 알고 진입해야 투자가 수월합니다. 상승 땐 상승하는 추세를 수익으로 가져올 수 있으며 변곡점에서 가격이 하락하기 시작하면 빠르게 손절함으로써 큰 손실을 대비할 수 있기 때문입니다. 초보자가 단기에 리스크를 관리할 수 있는 거의 유일한 방법은 손절이기도 하니까요. 손절로 깡통을 피해야 다시 한번 기회를 갖고 콤비네이션 전략을 이어 갈 수 있습니다.

물론 이 책에서 제시하는 차트 지식만으로 단기 트레이딩까지 할수는 없습니다. 단기 트레이딩은 간단하지 않습니다. 매 분, 매 시간 트레이딩을 하기 위해서는 오랜 시간 축적된 경험과 이를 통해 길러진 직감이 뒷받침돼야 합니다. 하지만 1년 혹은 2년에 한 번 장기 시계열 안에서 투자하는 우리에게는 복잡한 차트 지식이 필요하지 않습니다. 일봉에서 시작해 주봉과 월봉으로 이어지는 긴 흐름을 보며 투자를 할지 말지 결정할 줄만 알면 됩니다.

새로운 세대에게 어울리는 투자법이 있다

기성 투자자들 입장에서는 '이건 투자가 아니다', '오래 지속할 수 없다'며 엄격한 비판을 가할지도 모르겠습니다. 이런 생각이 들자 과연 개인적인 나의 투자 방법을 말해도 될지 고민했지만 실제로 나는 이렇게 투자했고 개인적으로 만족할 만한 결과를 냈습니다.

지난날, 악착같이 저축하던 사회 초년생 월급쟁이의 입장에서는 오직 '모으기에 집중하느라 투자는 단순하게 할 수밖에 없었는데 뭐 어때?'라는 마음이 드는 것도 사실입니다. 나는 새로운 관점의 투자법이 있다는 이야기를 하고 싶었습니다. 이제 막 출발선에 선 사람이라면 관심을 가져 볼 만하겠죠. 구루들에 의해 증명된 투자 방법은 그 방법대로, 새로운 세대의 투자법은 새로운 투자법대로 참고한다면 자기에게 어울리는 투자법을 찾을 수 있다고 믿습니다.

다음 장에서는 본격적으로 방법론을 이야기할 계획입니다. 익숙한

월급만으로 부자 되는 집중 투자법

내용도 있고 익숙하지 않은 내용도 있을 것입니다. 여기서 제시하는 방법 중에는 이해할 수 없다거나 당신과 맞지 않는 내용이 당연히 존재할 수 있습니다. 나 역시 최종적으로 말하고 싶은 바는 '투자는 일률적일 수 없다'는 점이고, 그럼에도 납득이 가는 내용은 꼭 참고해서 당신만의 방법 일부로 가져가길 바랄 뿐입니다. 자, 이제 본격적으로 시작해 보겠습니다.

3장

직장인의
주식 투자,
손실은 짧게
수익은 길게

주식 시작하기

주식은 왜
잃는 사람이
더 많을까?

주식 투자를 시작하면서 본인만의 방법을 구축하고 싶다면 '어떤 투자 방법을 취할까?'라는 고민보다 '내게 어울리지 않는 투자법은 무엇일까?'를 떠올려 보는 과정이 도움 될 수 있습니다. 처음부터 완벽한 투자법을 터득하려고 정면 돌파를 시도하면 투자라는 행위가 무겁게 느껴질 수 있기 때문입니다. 무게와 유연성은 상극입니다. 무거우면 무거울수록 사고의 유연함은 무뎌지죠. 그러니 나의 성향에 적합하지 않은 투자법부터 걸러 낼 수 있다면 내게 어울리는 투자법만 남게 됩니다. 남은 방법들을 가지고 이렇게도 하고 저렇게도 하는 과정에서 실력을 쭉쭉 키워 갈 수 있죠.

한쪽에서는 아직도 '주식 하면 패가망신한다'는 말이 정설처럼 통용되고 있습니다. 반대편인 주식 세계에서는 주식 투자가 기업과 동행하는 훌륭한 방법이라는 말도 쉽게 들을 수 있습니다. 나는 둘 다 동의하기 어렵습니다. 시장에는 수익을 챙기는 사람도 있고 자기 맹신에 치우쳐 기회를 상실하는 사람도 있으니까요. 주식 투자는 신중하게 접근하되 너무 심각하게 받아들이지 않았으면 좋겠습니다. 다른 무엇보다도 유연하게 대응하기 위해서요.

나와 어울리지 않는 투자 방법은 무엇이었을까요. 《조훈현, 고수의 생각법》에 이런 구절이 있습니다.

"고수라면 좋은 수가 보이는 순간조차도 흥분해서는 안 된다. 그게 내 눈에 보였다면 상대의 눈에도 보였을 것이고, 그 역시 그에 대해 준비를 할 것이 분명하다. 그래서 최대한 마음을 버린 상태에서 검토하고 또 검토하여 최선의 수를 선택해야 한다."

주식을 해 볼까 고민하던 내 마음이 정확히 그랬습니다. 자신 없었다는 표현이 더 솔직할까요. 개별 기업의 적정 가치를 정확히 판단할 수 없다고 생각했습니다. 초보자인 내가 알 정도면 시장의 수많은 고수들이 모를 리 없으니까요. 게다가 나는 직장인입니다. 매일 쏟아지는 뉴스, 리포트, 사업 보고서, IR 자료를 살피고 투자 스터디부터 재무제표까지 분석하며 기업 가치를 파악하기란 불가능할 것 같았습니

월급만으로 부자 되는 집중 투자법

다. 소중하게 모은 시드를 주식에 전부 투자할 생각도 없었습니다. 일상의 중심에 주식을 놓고 싶지도 않았죠. 지금은 기업 가치 분석을 하기도 하지만 여전히 참고만 할 뿐 의사 결정의 핵심 수단은 아닙니다.

손실을 짧게, 수익은 길게 유지하는 방법

주식은 어차피 오르거나 내리거나 둘 중 하나인데 대부분의 사람들은 왜 손실을 볼까요? 확률만 놓고 보면 돈을 버는 사람이 절반, 그렇지 못한 사람이 절반이어야 할 텐데 말이죠. 지금 생각해 보면 단순했다고 할까 상당히 거친 판단이었지만 나는 개인적으로 주식이 고스톱과 다르지 않다고 결론지었습니다. 고스톱을 고급 두뇌 싸움으로 포장할 수도 있고 도박이라고 평가 절하할 수도 있습니다. 어쨌든 투자도 상대가 있는 게임이고 전략이 필요하므로 수익을 내는 사람과 수익을 내지 못하는 사람으로 나뉜다고 생각했습니다.

여행 가서 친구나 가족과 고스톱을 했을 때 나는 대체로 돈을 버는 편이었습니다. 고스톱을 하며 지켰던 원칙이 하나 있습니다. 바로 '손실은 짧게, 수익은 길게'입니다. 손실을 줄이는 방법은 간단합니다. 패가 나쁘거나 상대방이 처음부터 치고 나갈 땐 빠르게 그 게임을 포기했습니다. 내가 갖고 있는 좋은 패부터 판에 풀었습니다. 3등을 하더라도 2등에 힘을 실어 주면서 1등을 견제했던 것입니다. 1등이 3점에 먼저 도달하더라도 뒤쫓아 오는 2등 때문에 더 이상 '고'를 외칠 수 없도록 말입니다. 반대로 내게 좋은 패가 들어왔을 땐 달랐습니다. 점수 차를 벌린 다음 과감하게 '고'를 외쳤고 수익을 극대화하기 위해 애썼습니다. 실제로 고스톱에서 3점을 좋아하는 사람은 수익을 크게 내지 못합니다. 여러 번 지더라도 꾸준히 3점으로 지면서 한 번 이길 때 크게 이겨야 돈을 벌 수 있죠.

주식이 수능의 언어 영역(현재의 국어 영역)과 비슷하다는 생각도 했습니다. 수능의 언어 시험은 배경 지식이 없다고 문제를 못 풀지는 않습니다. 지문을 읽고 주어진 정보를 활용해서 답을 고르는데 점수 분포는 제각각입니다. 고득점은 소수인 데다가 잘하는 친구나 못하는 친구나 시험이 끝나고 해답을 보면 모두 고개를 끄덕이고 쉽게 이해합니다. 그런데 왜 점수는 서로 다를까요? 똑같은 정보라도 서로 자기 방식대로 해석하기 때문입니다. 매력적인 오답에 끌리기 시작하면 마음대로 논리를 만들고 주어진 정보를 어긋난 방향으로 갖다 붙이게 됩니다. 시장에서 오답 기업과 사랑에 빠지지 않길 바랍니다.

우리는 각자 자아라는 견고한 바위 안에 갇혀 있습니다. 언제든 쉽게 매몰됩니다. 언어 시험을 앞두고 '나는 아무것도 알지 못한다. 주어진 정보만으로 결정하겠다'는 말을 주문처럼 속으로 되뇌었던 기억이 납니다. 매수 버튼 앞에서도 마찬가지입니다. '나는 아무것도 알지 못한다. 절차대로만 한다'고 비슷한 주문을 외웁니다.

월급만으로 부자 되는 집중 투자법

기업을 보는
기본적 분석과
차트를 보는 기술적 분석

주식은 기본적 분석과 기술적 분석이 가능합니다. 기본적 분석은 미시적 분석과 거시적 분석으로 나눌 수 있습니다. 미시적 분석은 대표적으로 기업의 재무 분석이 있습니다. 기본적인 회계 상식이 필요합니다. 거시적 분석은 환율, 유동성, 금리 등 매크로한 시장 환경부터 시작해서 해당 산업의 분석까지 나아갑니다. 기술적 분석은 단순히 말해 차트 분석을 의미합니다.

나는 기본적 분석과 기술적 분석을 거름망처럼 사용합니다. 기술적 분석은 좁은 거름망으로, 기본적 분석은 넓은 거름망으로 사용하죠. 차트상 좋아하는 자리가 아니면 매수하지 않으니 기술적 분석은 촘촘

한 거름망입니다. 종목 분석은 굵직한 부분만 체크하므로 넉넉한 거름망에 가깝습니다.

나는 차트만으로 주식 시장에서 수익을 낼 수 없다는 한계를 또렷하게 인지하고 있습니다. 그래서 차트 공부를 방대하게 하는 대신 실제로 활용할 수 있는 것들만 익혔습니다. 생각보다 양이 많지 않았고 단순하게 정리할 수 있었죠. 예를 들면 대표 보조 지표인 스토캐스틱, MACD, 볼린저 밴드, 피보나치 비율 등은 오히려 나의 머릿속을 혼란스럽게 만들었기에 굳이 구체적인 내용과 활용법을 익히려 하지 않았습니다. 이 지표들이 틀렸다는 뜻은 아닙니다. 어차피 활용하지 않을 것이라면 정확히 알지 않아도 괜찮다고 생각했습니다. 과한 정보에 노출될수록 판단력은 더 흐려진다고 생각했기 때문입니다.

추세가 변하는 지점을 찾으면 투자가 수월해진다

변곡점을 찾겠다는 목적에 충실했습니다. 몇 가지 패턴과 지지 및 저항 라인, 추세에 따른 채널 정도만으로 변곡점을 찾을 수 있었습니다. 물론 지지와 저항, 그리고 추세는 어떻게 기준을 잡느냐에 따라 미묘하게 달라질 수 있으나 누적된 경험을 통해 나만의 관점을 구축했습니다.

당연히 차트를 읽고 주가의 상승과 하락을 예측할 수는 없습니다.

가격에는 경향성이 존재할 수 있으나 경우에 따라서는 큰 불확실성이 존재하니까요. 다만 주가에는 추세가 변하는 지점이 있습니다. 임계점을 기준으로 평소보다 길게 상승하거나 하락하기도 합니다. 즉, 그 변곡점을 매수 포인트로 잡고 하락이 나오면 빠르게 손절하고 상승 시에는 보유하는 전략을 취합니다. 사실 초보자가 장기 투자를 하려면 자신이 매수한 시점부터 가격이 올라 줘야 지속할 수 있습니다. 물린 상태에서는 확신도 부족하고 실력도 없어서 심리적으로 흔들리기 쉽기 때문입니다. 애초에 오를 때만 보유하고 내리면 보유하지 않는 것도 투자의 한 방법이 됩니다.

주식은 장기적으로 이익의 함수라는 데 이견은 없습니다. 전설적인 투자자 앙드레 코스톨라니의 말처럼 주가는 주인(실적)을 따라 산책하는 개와 같다는 데 동의합니다. 앞서거니 뒤서거니 하지만 개는 주인을 만날 수밖에 없습니다. 하지만 개와의 산책이 말처럼 쉽지는 않습니다. 주인 옆에 붙어서만 가는 개는 없으니까요. 언젠가 만나는 시점이 있겠으나 그것도 한순간일 뿐 대부분의 경우 위로든 아래로든 괴리가 생깁니다. 전문 투자자가 아닌 나로서는 그 괴리와 타이밍을 맞출 수 없다고 가정하고 시장에 참여했습니다.

물론 종목을 고를 때 이익 대비 시가 총액(PER)이 어느 수준인지 정도는 확인합니다. 좋아하는 변곡점을 찾은 다음 체크하는 최소한의 가치 평가 기준이 나에게도 존재합니다. 다만 의사 결정을 위한 보조 기준으로 사용할 뿐이죠. 이익과 시가 총액을 통해 그 주식이 저평가 됐는지 확실히 알 수 없지만 현 주가가 고평가됐는지는 대략 가늠할 수 있기 때문에 유용할 때가 있습니다. 그럼에도 주식은 당장의 이익만으로 오르내리지 않습니다. 대형주라고 해서 실적이 나왔다고 반드시 주가가 오르는 것도 아닙니다. 실적은 이미 선반영된 상태라며 오히려 가격이 하락하는 경우도 있습니다. 주식은 떨어질 이유도, 오를 이유도 수백만 가지인 것 같습니다. 적지 않은 수의 시장 참여자들이 기업 분석에 실패하는 이유도 아마 이런 점에 있지 않을까요?

월급만으로 부자 되는 집중 투자법

과연 가치 투자가
직장인에게
유리한 전략일까?

주식계의 셀럽은 가치 투자자가 대부분입니다. 그래서 주식 시장의 진입 장벽이 높아지지 않았나 싶습니다. 냉정히 말해 기업의 미래는 회사의 대표조차 확신할 수 없는데 전문 투자자도 아닌 일반 투자자가 재무 분석에 근거해 기업의 가치와 적정 가격을 정확히 계산할 수 있을까요? 게다가 4차 산업 혁명이 화두인 요즘은 무형 자산의 가치가 재무제표에 반영되지 않기도 합니다. 아무튼 가치 평가에 자신이 없다면 주식 세계에 입문조차 하면 안 될 것 같은 분위기가 시장에 깔려 있습니다.

가치 투자자들은 기본적으로 회사의 자산이나 실적에 관심을 가집니다. 이를 분석하고 기업의 적정 가치와 현재 가격의 괴리를 판단하죠. 일반인에게 익숙한 수급이나 유동성, 지수 등은 중요한 변수에서 제외시키는 경향이 있습니다. 저평가된 종목이 언젠가 제자리를 찾는다는 그들의 주장에는 빈틈이 없습니다. 그러나 주식이 언제 오를지는 아무도 모르는 거라 기다리는 시간 역시 비용에 포함시켜야 할 것입니다.

만약 초보 투자자가 어설프게 기업을 평가하고 매수를 결정했다고 가정해 보겠습니다. 진입 시점부터 가격이 하락하여 제자리를 찾기까지 수년을 기다려야 한다면 중요한 시기에 큰 기회를 잃게 되는 것은 아닐까요? 선진 금융 시장과 다르게 국내 시장은 가격이 제 가치를 찾아가는 데 상대적으로 오랜 시간이 걸리기도 합니다.

가치 투자가 절대 진리는 아니다

재무제표에 충실한 가치 투자자라도 산업 현황과 산업의 구조적 성장 가능성, 경쟁 제품 및 회사 동향, 기업 문화, 경영자 평가 등을 복합적으로 분석하게 됩니다. 종합적 판단은 결국 개인의 기량과 경험에 의존할 수밖에 없죠. 이들도 자신이 주요하게 생각하는 지표나 기준 몇 가지를 엮어서 중요한 판단을 하게 됩니다. 그러니 경험이 미천하거나 자기 기준을 추리는 데 자신이 없다면 가치 투자를 후순위로 미는 선택도 투자의 한 방법이라고 생각합니다. 이제는 기업의 정보에 누구나 접근 가능합니다. 그 말인즉슨 남들이 알아보지 못한 저평가 요인을 일반인이 찾기는 더 어려워졌다는 뜻입니다. 실제로 제 가치에 합당한 가격을 받지 못하는 기업을 찾아냈다 하더라도 알고 보면 저평가를 받을 만한 진짜 이유가 따로 존재할 수도 있습니다.

기업 실적이나 재무제표의 중요성을 폄훼하는 것은 아닙니다. 나역시 차트를 보고 진입 시점을 선택하지만 적자를 내고 있는 기업에 투자하지는 않으니 투자에 있어 재무제표를 참고하지 않는다고 말할 수는 없습니다. 어떤 회사라도 회사를 운영하는 비용은 발생합니다. 적자 중인 회사라면 기술을 개발한다며 언제든 주식을 더 발행하여 자금을 조달할지 모릅니다. 그럴 경우 내가 보유한 주식 가치는 희석되어 급락을 피할 수 없죠. 차트가 아무 쓸모없는 상황에 직면하게 됩니다. 반대로 현금을 잘 버는 회사가 있다면 마진 관리에 성공하고 있다는 뜻이니 전반적으로 그 회사의 사업이 잘 돌아간다고 판단할 수도 있습니다. 이런 내용은 재무제표를 통해 파악할 수밖에 없죠.

누구라도 이 회사가 가치 없다고 판단하고 투자하는 사람은 없습니다. 가치란 애초에 주관적이라 저마다 자기 방식대로 매길 뿐입니다. 이 과정에서 성공한 투자자는 가치 투자자로서 유명해지고 그렇지 못한 사람은 기억되지 않을 뿐이라는 말을 하고 싶었습니다.

기업 가치를 정확히 파악할 수 있다거나 미래 호황 산업을 예측해 주도주를 선점할 수 있다면 그보다 좋은 투자는 존재하기 어렵습니다. 그렇지만 '선점할 수 있다면'이라는 가정만큼이나 '선점한 줄 알았는데 아니라면?', '애초부터 선점할 수 없었다면'이라는 가정도 고민해봐야 할 것입니다.

월급만으로 부자 되는 집중 투자법

주식 투자 마인드, 이것만은 반대한다

생활 속에서 아이디어를 얻고 그것을 투자로 연결하라는 말을 들어 본 적 있으신지요? 나로서는 그런 방식으로 수익을 계속 발생시키기 어렵습니다. 한두 번은 가능할지 몰라도 지속할 수 있는지 의문을 갖게 됩니다. 일상생활과 투자를 일치시키기 버겁기도 하고, 한 발 앞서 생각하는 통찰력이란 아무나 가질 수 없기 때문입니다. 물론 A 회사의 차트를 보고 베팅해 볼 만한 지점이라는 생각이 들었을 때 결정에 확신을 더하고자 A 회사의 제품을 직접 써 본 다음 대중의 반응을 살피는 과정은 스크리닝 차원에서 시도해 볼 만합니다. 하지만 우연히 A 회사의 제품을 써 보고 이것이 좋다 싶어 A 회사의 주식을 사는 투자법에는 위험 요소가 있습니다. 내가 눈치를 챘는데 남들이 진작 눈치를 못 채기도 어렵기 때문입니다.

한편 준비 없이 시장에 처음 진입하는 친구들이 이런 말을 하는 것을 자주 들었습니다. 본인은 주식으로 이자 수익 이상만 벌면 된다고요. 투자를 심각하게 받아들이지 않아서 좋긴 한데 이자 수익 이상이 목적이라면 변동성이 적은 고배당주를 사면 간단히 해결될 문제입니다. 그런데 소액 투자자 중에 고배당주에만 투자하는 투자자를 아직은 보지 못했습니다.

당신이 장기 투자를 선택한 이유를 알아야 한다

장기 투자할 생각이라며, 주식은 언젠가 오르지 않느냐며 매수부터 하는 사람도 있습니다. 아마 계좌에 파란불이 뜨고 나면 장기 투자를 하겠다던 초반 다짐은 온데간데없이 사라질 것입니다. '여기서 더 떨어지면 어떻게 하지?'라는 공포에 지배당하기 때문입니다. 장기 투자는 공부와 경험이 모였을 때 확신으로 하는 투자법이지, 다짐으로 할 수는 없습니다. 혹시나 장기 투자를 계획하면서 가격이 떨어질 때마다 모아 갈 거라는 말도 함께 하고 있지는 않나요? 그렇다면 조심해야 합니다. 하락하는 주식은 바닥이 없을 때가 있습니다. 손실이 눈덩이처럼 커질 수 있습니다.

잃어도 되는 돈이라며 쉽게 말하는 습관도 주의해야 합니다. 세상에 잃어도 되는 돈이란 없습니다. 길 가다 1만 원짜리 한 장만 잃어버려도 하루가 찝찝한 경험이 누구에게나 있잖습니까. 그런데 잃어도 되는 돈이라니요. 설령 그런 돈이 있다고 쳐도 그 금액은 잃기 전에 생각한 액수보다는 훨씬 작을 것입니다.

전설적인 투자자 조지 소로스는 인간이 불완전하다고 했습니다. 전체가 아닌 부분을 보게 될 수밖에 없다고 했죠. 복잡한 세상에 더해 자기 자신까지 파악해야 하므로 관점은 왜곡되기 쉽고 지식만으로 다음 전개를 예측할 수도 없습니다. 언제나 자신이 틀릴 수 있음을 인정하고 투자에 임하라고 했습니다. 정말 그렇습니다. 오류 가능성을 솔직하게 인정할 때 점진적으로 문제를 해결할 수 있습니다. 자신의 욕심도 모르고, 목적도 모르고, 의도도 정확히 모르면서 시장에서 좋은 결과를 기대할 수 있을까요.

개인 투자자가 기관 투자자보다 유리한 점은 언제든 원하는 만큼 현금을 보유할 수 있다는 점입니다. 주식 시장에 참여한 사람 중에 주머니에 현금이 들어 있는 상황을 못 참는 사람을 자주 봅니다. 오히려 계좌에 현금이 남아 있으면 불안해합니다. 어떻게든 포지션을 잡으려 하죠. 얼마 되지도 않는 시드인데 그것마저 쪼개어 현금을 보유하라는 말이 공자 왈 맹자 왈처럼 들릴지도 모르겠습니다. 나도 그랬으니까요. 다만 현금을 보유하는 시간을 주기적으로 가져 보면 좋겠습니다. 시간이 얼마나 느리게 흘러가는지, 내가 얼마나 초조하게 가격의 등락에 반응하며 살았는지 나를 되돌아보는 계기가 될 것입니다. 근육도 운동을 쉬는 과정에서 커지듯이 투자 실력도 쉬며 복기하는 과정에서 올라가는 경험을 나는 자주 했습니다.

월급만으로 부자 되는 집중 투자법

SNS 시대에서
좋은 종목을 고르는
4단계

1단계: 나의 한계를 인정하기

"좋은 종목을 고르기 위해 어떤 훈련이 필요할까요?"라고 질문한다면 나는 깊은 고민에 빠질 수밖에 없습니다. 왜냐하면 내가 어떻게 좋은 종목을 골라 왔는지 한마디로 설명하기가 어렵기 때문입니다. 오를 종목을 전부 맞힐 자신이 있어서 주식 시장에 뛰어든 것도 아니었고요. 내 인생의 많은 일이 그랬듯 남들이 하니까 나도 시작하게 된 면이 있습니다. 운의 덕을 보기도 했습니다. 사실이니 이렇게 말할 수밖에 없고요.

다만 처음 시장에 진입한 투자자에게 가장 중요한 자세가 무엇인지는 압니다. 바로 '내가 오르는 종목을 맞힐 수는 없다'는 태도를 갖는 것입니다. 우리는 본능적으로 자기 자신을 신뢰하고 자신하는 경우가 대부분입니다. 그러다 보면 약간의 주어진 정보만으로 '이건 이런 거지', '그건 그렇게 될 수밖에 없어'라며 본인만의 스토리를 써 내려갑니다. 초보 투자자라면 결론부터 내리고 싶어도 자신이 틀릴 수 있다는 점을 인정하고 잠시 생각을 멈춰야 합니다.

나는 시장에서 오래 살아남는 투자자들이 어떤 종목에 투자하는지 궁금했습니다. 현실에 있는 투자 고수들의 생각을 부지런히 추적했습니다. 그들의 의견 하나하나는 그 자체로 불필요한 정보가 되기도 하고 오히려 불안감을 조성하기도 했습니다. 하지만 논리적인 아이디어들을 모으고 '이런 생각도 있구나'라는 선에서 이해한 다음 내 생각에 조립해 넣으면 생생한 투자 아이디어로 되살아나곤 했죠.

2단계: 실전 투자자들의 정보를 취합하고 처리하기

요즘 시대의 SNS는 투자자에겐 보물 창고와 같습니다. 양질의 정보가 넘쳐 나죠. 자기 논리만 견고히 하고 싶은 사람에게는 별반 도움이 되지 않을 방법이지만 나에게는 SNS가 활용만 잘하면 투자에 실패할 수 있을까 싶을 정도로 유용했습니다. 수많은 훌륭한 투자자가 본인의 생각을 치밀하게, 그것도 공짜로 공유하고 있으니까요. 각종 커뮤니티와 개인 블로그, 페이스북, 유튜브 등 모든 SNS에는 서로 다른 유형의 뛰어난 투자자들이 존재합니다. 친절하게 종목을 언급해 주기도 하고, 산업 분석도 해 주며, 시장과 시황에 관한 자신의 결론까지 알려 줍니다. 그중 진짜 고수를 찾아 꾸준히 따라가며 그들의 의견과 아이디어를 종합해 낼 수 있다면 종목을 발굴하는 일은 그렇게 어렵지 않았습니다.

다만 어떤 투자 고수를 찾아낼 것인지가 긴요한 문제입니다. 모든 사람의 아이디어를 내 것으로 소화하기는 어렵기 때문입니다. 결국 몇몇을 추리게 되는데 누구를 따를지는 개인의 직감과 실력, 기량이 개입하는 문제입니다. 그럼에도 굳이 기준을 정해 본다면 다음과 같습니다.

첫째, 어떤 가격에 특정한 종목을 샀다고 구체적으로 공유하는 투자자들을 찾습니다. 혹시 마이너스가 나더라도 인증하며 꾸준히 책임을 진다면 눈여겨볼 필요가 있습니다. 자기만의 노하우가 있을 확률이 높죠. 당연히 마이너스보다 플러스의 비율이 높게 유지돼야 할 것입니다. 간혹 포토샵으로 없는 수익률을 만들어 내는 사람들도 있습니다. 이들은 기간이나 계좌를 수정해서 수익률을 조작할 수 있으니 조심해야 합니다. 유료 리딩방은 애초에 관심 두지 않길 바랍니다. 뛰어난 투자자라면 자신의 투자에 신경 쓰기 바쁠 테니까요.

둘째, 개인적으로 거시 경제 전문가보다는 본인 재산을 직접 운영하는 개인 투자자나 자산 운용사 매니저의 의견을 선호했습니다. 처음 주식에 입문하면 거시 경제 설명에 귀를 기울이게 됩니다. 듣고 있으면 똑똑해지는 느낌이 드니까요. 무언가 대단한 내용을 알게 된 것 같아도 막상 투자에 크게 도움이 되기는 어렵습니다. 오히려 노이즈로 작용해 매수, 매도의 판단을 흐리기도 하더군요.

경기장에서 직접 뛰는 선수와 지켜보는 심판은 경기에 임하는 자세가 다를 수밖에 없습니다. 뛰어난 필드 플레이어를 찾고 꾸준히 팔로우 업 해 보세요. 과연 고수가 말한 대로 가격과 시장이 흘러가는지 그들의 답지를 내가 채점해 볼 수 있다는 점은 유리한 조건입니다. 물론 그들이라고 다 맞힐 수는 없습니다. 하지만 변화하는 시장에 적응하며 수익을 잘 관리하는 투자자가 존재하는 것도 사실입니다.

한 가지 팁을 드리자면, 큰 규모의 자산을 운영하는 실력 있는 개인 투자자 중에서 언론이나 유튜브 등의 노출을 피하는 사람들이 있습니다. 재야의 고수는 은둔하려는 경향이 있죠. 그들이 운영하는 블로그나 개인 SNS를 찾고 힌트를 얻을 수 있다면 시장을 읽는 데 큰 도움이 됩니다. 또 다른 팁입니다만 본인에게 도움이 된다고 판단해서 팔로우 업한 A와 B가 있다고 가정하겠습니다. A와 B는 분명 사적으로 모르는 사이인데 댓글을 통해 서로 소통하는 장면을 목격할 수 있습니다. A와 B가 서로의 뛰어남을 알아보고 교류하는 상황이므로 A와 B는 둘 다 괜찮은 투자자일 확률이 한결 높겠죠.

투자는 하고 싶으나 종목을 고를 자신이 없다고 해서 지레 겁먹거나 포기할 필요는 없습니다. 발상을 전환하면 아이디어가 될 만한 훌륭한 생각들이 도처에 널려 있습니다. 오히려 그 정보들이 우리의 눈에 읽혀 이용되기를 기다리는 형국입니다. SNS에서 오랜 시간 검증받은 고수는 시장에서 오랜 기간 살아남은 투자자일 것입니다. 나보다 수익률도 높고 경험도 뛰어난 사람들이 전문적으로 분석하고 내놓은 자료와 생각은 의미가 있습니다. 이것들을 잘 취합해서 스스로 판단할 수 있다면 당신의 시간이 크게 단축될 수 있습니다. 직장을 다니고 가족과 시간 보내기 좋아하는 내게는 효율적인 방법이었습니다.

나는 나만의 직감을 맹신하지 않으려 꾸준히 노력하고 있습니다. 무엇이든 자유롭게 받아들일 준비를 하죠. 우리는 완벽할 수 없고 시장은 끊임없이 변합니다. 어쩌면 시장에 맞춰 실력을 레벨 업 하는 가장 훌륭한 방법은 훌륭한 스승을 찾는 일인지도 모릅니다. 투자의 대가 워런 버핏도 "나보다 나은 사람과 어울리는 것이 좋다. 훌륭한 자질을 가진 사람과 어울리면 당신도 훌륭한 자질을 갖추게 될 것"이라고 말했죠.

3단계: 직관과 관점이라는 나만의 뜰채 갖기

신기한 점은 그들의 생각을 꾸준히 읽고 추적하는 과정에서 알게 모르게 배워 간다는 것입니다. 나만의 취향도 발견하게 됩니다. 수많은 아이디어 중 내가 흥미를 느끼고 동의하는 논리들의 공통점을 찾게 됩니다. 시간과 경험이 쌓여 어느 순간 내 기준이 정립되기 시작합니다. 그러다 나만의 방식으로 종목을 찾기도 하고 내가 찾은 종목들에서 성공 사례가 나오면 기준이 견고해짐을 느끼기도 합니다. 성공을 경험하는 횟수가 늘어날수록 자신감이 붙고 방법론 측면에서도 멘탈리티 측면에서도 스스로 달라지고 있음을 체감하게 됩니다. 그때부터는 정보를 취합하고 종합하는 시간이 크게 단축됩니다. 나의 관점이라는 뜰채를 손에 쥐게 된 상황이라 필요한 정보만 걸러 낼 수 있게 되니까요.

가령 어떤 초보자는 처음 시장에 진입하며 가치 투자자가 되겠다고 다짐할 수도 있겠죠. 그런 사람은 가치 투자자들을 팔로우 업 하게 될 것입니다. 그런데 성공한 가치 투자자라고 해서 A부터 Z까지 모든 평가 요소를 검토하지는 않습니다. SNS에서 유명한 1번 가치 투자자는 여러 평가 요소 중 A와 B를 위주로, 2번 가치 투자자는 E와 F와 G에 중점을 두고, 3번 가치 투자자는 Y 지표 위주로 변수를 체크할 수 있습니다. 3명의 투자자를 꾸준히 지켜보다가 본인에게 B 방법이 익숙하고, G 방법이 쉽게 이해된다면 당신은 B와 G를 무기로 삼는 투자자가 될 수 있습니다.

나만의 기준이 생기면 쏟아지는 기업 리포트를 제대로 활용할 수 있게 됩니다. 리포트의 제목만 봐도 이건 내가 알아볼 기업, 관심 없는 기업, 지켜볼 기업 등으로 분류할 수 있죠. 리포트부터 읽고 기준을 만드는 것이 아니고 기준을 만든 다음 필요한 구멍을 메우기 위해 리포트를 찾게 됩니다. 리포트를 열었을 때 다 읽을 필요도 없어집니다. 내가 확인하고 싶은 내용만 선택적으로 보면 되니 스스로 날렵해짐을 느끼기도 합니다.

월급만으로 부자 되는 집중 투자법

나만의 기준과 고수의 아이디어를 종합해 종목을 골랐다면 이제 차트를 확인해 봅니다. 순서는 중요하지 않습니다. 차트를 보고 종목을 알아보기도 하고, 종목부터 알고 차트를 분석하기도 하니까요. 차트를 참고하는 과정이 내겐 중요한 절차입니다. 차트에서 익숙한 패턴이 나타났는지 혹은 나타날 것인지를 확인하며 기다립니다. 아무리 좋은 기업이라도 그 가격이 차트상 읽을 수 없는 위치에 머무는 중일 수 있습니다. 원하는 패턴을 발견하지 못한다면 거래에 들어가지 않습니다. 익숙하고 좋아하는 패턴이어야 진입 타이밍은 물론이고 어느 지점에서 이익을 취할지, 혹시 예상과 다르게 움직였을 때 어떻게 손절할지 유연하게 대응할 수 있기 때문입니다.

4단계: 최종 레벨 업 단계, 공포에 사기

주식 시장에 몇 안 되는 진리 중 하나는 시장에서 수익을 취하는 투자자가 극소수라는 점입니다. 여기서 또 다른 진리를 도출할 수 있습니다. 일반 대중과 가능한 한 반대로 행동해야 돈을 벌 수 있다는 점입니다. 나는 남들이 망한다고 비웃는 종목을 찾아 투자했을 때 실패할 확률이 적었습니다. 내가 만든 덫에 스스로 걸리지 말고 눈을 질끈 감은 채 남들과 반대편에 서 보는 겁니다.

2020년 4월이었습니다. 유가가 사상 처음으로 마이너스를 기록했습니다. 장중 한순간이긴 했지만 배럴당 국제 유가는 -40불이라는 기록을 남겼습니다. 대개 주식 시장에서 '사상 처음', '역대급' 등의 단어가 쏟아질 땐 기회가 있었습니다. 극단적인 단어가 광범위하게 쓰이는 그 현상과 반대편에 서면 수익을 올릴 확률이 높기 때문입니다.

당시 코로나19 사태로 인해 원유의 수요가 줄고 재고량은 늘었습니다. 재고를 감당할 수 있는 원유 저장 시설이 부족해지자 원유 가치가 급락했죠. 뉴스에서는 감염병이 확산되고 침체 국면이 장기화될 것이라고 보도했습니다. 각국이 봉쇄를 이어 갈 때 마이너스 유가는 언제든 재연될 수 있다고 공포를 조장했고요. 게다가 마침 2차 전지, 전기차, 친환경 섹터가 주목받기 시작했습니다. 당장 전기 차의 시대가 도래할 것처럼 세상이 떠들썩했습니다. 이제 누가 기름을 사용하겠느냐는 인식이 팽배했습니다. 최대 90%씩 하락한 유가 관련주들은 더 이상 희망이 보이지 않았습니다.

시장에 안테나를 세우고 있는 투자자라면 의견이 한쪽으로 쏠리는 현상을 인지할 수 있습니다. 우리는 쏠린 의견에 동조할지, 두렵더라도 반대편에 서 볼지를 결정하면 됩니다. 석유 기업들이 다시 살아날 여력은 없는지, 석유 수요가 과연 한순간에 사라질지, 주가의 낙폭이 필요 이상으로 과하지는 않은지를 살펴보는 것이죠. 보수적인 투자자였던 워런 버핏조차 "남들이 겁먹고 있을 때가 욕심을 부려도 되는 때"라고 말했습니다.

'레깅스를 만드는 소재만 해도 원유가 베이스인데 설마 당장 망하겠어?'라고 단순하게 생각했습니다. 나는 대세의 반대편에 서기로 마음먹고 차트를 찾아봤습니다. 미국의 5위권 안에 드는 석유 기업을 훑어봤습니다. 미국 주식을 주로 하지는 않지만 세계적인 기업 중에 투자 대상을 찾고 싶었습니다. 시장이 워낙 공포스럽긴 했으니까요.

그중 A 기업이 눈에 띄었습니다. 주가는 고점 대비 90% 이상 하락한 상태였고 20년 만에 최저점에 도달한 상태인 데다 차트상 한 번도 내려가 본 적 없는 가격 직전까지 떨어진 상태였죠. 다시 말해 지난 최저점이었던 바닥을 깬다면 경험하지 못한 가격까지 하락할 상황이었습니다. 이를 확인하자 오히려 판단하기가 쉬웠습니다. 석유가 당장 지구에서 사라지지 않는 한 주가는 올라갈 수밖에 없어 보였습니다. 본격적으로 바닥을 깨기 시작할 때 손절만 할 수 있다면 손실을 관리할 수 있다고 생각했죠. 나는 마음속으로 손절 라인을 잡고 단호하게 진입했습니다. 아니나 다를까 점차 유가가 상승하며 분위기는 순식간에 뒤바뀌었고 단기간에 2배, 3배 수익이 발생했습니다.

분명히 말하지만 저점에 도달했다는 이유만으로 함부로 진입해서는 위험합니다. 손절 라인을 반드시 준비해야 합니다. 차트는 기준 그 이상도 이하도 아닙니다. 암벽 등반을 아무런 장비 없이 하는 사람은 없습니다. 앵커에 로프를 걸고 안전을 확보한 다음 도약하죠. 손절 계획은 앵커 역할을 합니다. 혹시 모를 추락으로부터 나를 지켜 주는 유일한 안전장치입니다. 시장의 컨센서스(일치된 의견)와 반대로 생각한다고 해서 내 선택이 옳다는 보장이 없습니다. 언제든 반대의 반대가 맞을 수 있으니까요. 귀신같이 정말 그 시점부터 석유 수요가 완전히 사라질지는 아무도 알 수 없습니다. 다만 우리에게 손절이라는 앵커가 있다면 가파른 암벽이라도 감히 도전해 볼 수 있는 것입니다.

차트를 활용하면
투자의 시야가
트인다

주식 시장에 참여했다면 때론 과감해야 합니다. 기업부터 분석하고 투자를 시작하는 순서가 정석이라는 데 이견은 없습니다. 그러나 일반 투자자인 내가 정확하게 분석하기도 어렵고, 스스로 완벽히 납득할 정도로 분석했다면 타이밍상 이미 늦었을 확률도 큽니다. 만에 하나 잘못된 결론을 도출했다면 아찔하기까지 합니다. 주가가 하락하는데 고집스레 버티다 치명상을 입을 수 있으니까요.

차트는 어느 자산 시장에나 존재합니다. 부동산 가격도 차트가 그려집니다. 두 번 세 번 강조하고 싶습니다만 차트를 보는 이유는 상승과 하락을 예측하기 위해서가 아닙니다. 바로 추세가 변하는 지점, 변곡점을 활용하기 위해서 봅니다. 우리의 목적은 변곡점에 투자해서 '손실은 짧게, 수익은 길게' 실현하는 것입니다. 주가는 일정 구간에서는 등락을 거듭하다 어느 방향으로든 추세를 형성하면 꽤 오래 이어지는 속성이 있습니다. 추세에 올라타기와 추세를 예측하기는 전혀 다른 이야기입니다. 혹시나 추세가 시작될 수 있는 지점에 투자하여 그것이 정말 상승 추세를 일으킨다면 보유하고, 하락할 때 빠르게 손절하기를 반복하다 보면 어느 순간 수익이 쌓일 것입니다.

명품 가방은 비싸서 잘 팔릴까, 잘 팔려서 비쌀까?

경제학에서 가격은 시장의 수요와 공급에 의해 결정됩니다. 수요의 힘과 공급의 힘이 같아지는 지점에서 가격이 결정되므로 가격은 그 자체로 균형적입니다. 상대적으로 높게 형성됐는지 낮게 형성됐는지는 다음 문제입니다.

실제로 샤넬 가방은 찾는 사람이 많아서 비싼지, 비싸서 찾는 사람이 많은지 그 선후 관계를 명확히 알 수 없습니다. 명품에 거부감이 있는 사람은 샤넬 가방이 가치에 비해 고평가됐다고 판단할 수 있고, 샤넬 가방을 높은 가격에 되팔려는 사람은 저평가됐다고 판단할 수 있습니다. 고평가인지 저평가인지는 판단의 영역입니다.

가격이 꼭 외부의 변수나 하나의 기준으로 좌우되지는 않습니다.

가격에는 자기 교정적인 기능이 있습니다. 영원히 상승하지도 영원히 하락하지도 않고 오르락내리락하는 이유는 복합적인 상황에 맞춰 가격이 스스로 변화의 이유를 만들어 내기 때문입니다. 가격은 이미 모든 것을 반영하고 있어 의미를 갖습니다. 차트는 이러한 가격 변화를 그래프로 나타냈으니 객관적이라고 할 수 있죠.

미리 말씀드리지만 앞으로 이 장에서 설명할 몇 가지 차트 이야기는 참고만 하시기를 권합니다. 그대로 따라 하기보다는 '이런 방법도 있구나' 하고 본보기로 삼아 자신에게 맞는 기술을 정립하기를 바랍니다. 기본적 분석과 기술적 분석의 비율을 100대0, 70대30, 50대50, 혹은 0대100 등 어떤 비율로 혼합할지는 직접 경험해 보고 정할 수밖에 없습니다. 그래야 그 기술이 자기의 것이 되니까요. 일단 해 보고 아니다 싶으면 버리고 수정할 수도 있고요. 유일한 방법을 찾기보다는 자신의 성향과 잘 맞는지 파악하는 일이 더 중요합니다.

주식 용어, 어디까지 알아야 할까?

앞서 나는 MACD, 스토캐스틱, 피보나치 비율 등 주식 투자에서 사용하는 보조 지표를 거의 보지 않는다고 했습니다. 그래도 캔들 모양과 거래량은 어떤 시점에 거래가 활발히 이루어졌는지를 알 수 있고 주식을 사고파는 사람들의 심리가 반영되어 있으니 비교적 신뢰할 만하다고 생각합니다. 그러나 이것도 마찬가지로 '이런 형태의 캔들이 나왔구나', '여기서 거래량이 터졌구나' 하고 참고만 할 뿐 매수 타이밍을 결정하는 유일한 기준으로 활용하진 않습니다.

주가가 이동 평균선을 따라 움직이는 경우가 있습니다. 이동 평균선이란 일정 기간 동안의 평균적인 주가 흐름을 의미하는데 '120일 선이 깨졌네. 조심은 해야겠다'고 판단하고, 단기부터 중장기 이동 평균선까지 순서대로 정배열인 경우에는 '추세가 살아 있구나' 정도로 참고합니다. 그 외에는 오직 몇 가지 패턴과 지지 및 저항 라인, 지지와 저항으로 이루어진 채널(추세), 그리고 그것을 이탈하는지 혹은 돌파하는지 여부를 주목할 뿐입니다.

나는 단기 트레이더는 아닙니다. 주식 투자를 하면서 시도 때도 없이 차트를 보진 않습니다. 주로 일봉을 보고 종종 주봉까지 확인하는 편입니다. 장기 투자를 염두에 두고 긴 추세를 확인하고 싶을 땐 월봉의 형태도 적극적으로 참고합니다.

좋아하는 변곡점은 경험이 쌓이면 보입니다. 과거에 좋아했던 자리라도 시간이 흘러 선호하지 않는 지점으로 변하기도 합니다. 하지만 그 자리 역시 긴 시간 쏟아 붓고 얻어 낸 소중한 자리였을 것입니다. 말하자면 익숙한 자리를 보유하려면 총력을 끊임없이 기울여야 하죠. 볼 만큼 봤다는 실감이 나도록요.

물론 차트를 판단 기준으로 삼는 투자 방법을 부정적으로 평가하는 사람들도 있습니다. 속된 말로 '차트쟁이'라고 부르기도 하니까요. 하지만 나는 차트에 쏟아붓는 시간도, 실제 실력도 '차트쟁이'라고 불릴 만큼 높지 않습니다. 차트가 지나온 과거를 의미할 뿐 미래를 예측하는 데 아무런 도움이 되지 않는다는 그들의 주장에 100% 동의합니다. 과거를 알았다고 미래를 예측할 수는 없습니다.

그렇지만 차트를 볼 줄 알면 나만의 변곡점을 발견하고 활용할 수 있습니다. 누적된 패턴과 차트의 흐름 속에서 가격 변동이 중장기적으로 증폭될 수 있는 지점을 찾고 투자를 결정할 수 있습니다. 나 역시 기업의 가치 분석을 간혹 시도하지만 전문가가 아닌 누구라도 할 수 있는 기본적인 수준입니다. 이에 대한 이야기는 더 설명하도록 하겠습니다.

추세에
올라타고 싶다면
변곡점을 찾아라

    나는 첫째, 잃지 않는 투자, 둘째, 수익이 발생했을 때 길게 유지할 수 있는 투자를 해 보고 싶었습니다. 그리고 이런 방법도 있다는 이야기를 나눌 수 있어 즐겁습니다. 나의 투자법이 완벽하다고 말할 수는 없지만 여전히 주의 깊게 관리하고 있습니다. 초보 투자자 역시 생소하더라도 자기만의 기준이 있어야 오랫동안 투자를 지속할 수 있다는 사실을 공유할 수 있어 다행이고요.

    차트에서 변곡점이란 가격의 변화가 급하게 발생하거나 추세적인 방향이 바뀌는 지점을 의미합니다만 명확히 하나의 개념으로 정의하기는 어렵습니다. 축적된 경험과 개인의 성향에 따라 변곡점을 정의

하는 지점이 달라질 수 있기 때문입니다. 다만 변곡점이라는 한 가지 주요 틀을 나의 툴로 갖춘 이후에는 시장 환경이나 개별 기업 가치 평가 등 예측하기 어려운 영역도 필요에 따라 원하는 만큼 해석할 수 있게 됐습니다. 공부량을 무한하게 늘리지 않아도 수익을 차곡차곡 쌓을 수 있었고, 단기에 우왕좌왕하는 초보자에서 추세에 올라타는 장기 투자자로 자연스레 변해 감으로써 투자 스트레스를 관리 가능한 수준으로 낮출 수 있었습니다.

뉴스보다 변곡점을 보고 투자하면 좋은 점

예를 들면 이런 것입니다. A 기업의 주가가 3년째 하락하고 있다고 가정해 보겠습니다. '실적이 안 좋다', 'A 기업이 속한 산업 전망이 밝지 않다', '경영권 분쟁을 겪고 있다' 등 하락 시에는 수많은 부정적 뉴스가 들려옵니다. 기묘하게도 주가가 하락하는 중에는 호재 뉴스가 나와도 가격이 반응하지 않습니다. 3년 동안 A 기업과 관련해 쏟아진 뉴스 중에는 맞는 뉴스도 있고 틀린 뉴스도 있을 것입니다. 하지만 변곡점을 찾아 투자하는 사람에게 뉴스는 그저 뉴스일 뿐입니다. 주가가 떨어지는 이유를 호재나 악재성 뉴스로 판단하지 않습니다. 엄밀히 말하자면 나라는 개인 투자자가 뉴스를 읽고 주가에 어떻게 반영될지 해석할 수 없다고 가정하는 것입니다.

변곡점을 기준으로 삼아 투자한다면 다음과 같은 상황을 주목하게 됩니다. 하락 채널 안에서 3년째 하락하던 A 기업의 주가가 슬금슬금 오르더니 일봉은 물론 주봉까지 채널을 돌파했다고 가정하겠습니다. 그 과정에서 ⓐ돌파하기 직전의 자리도 있고, ⓑ돌파 후 횡보하는 자리도 있고, ⓒ돌파한 다음 눌린 자리도 있습니다. 어떤 자리를 변곡점으로 판단할지는 개인의 선택입니다. 일단 돌파했다는 사실에 주목해 보는 겁니다.

차트상 주가는 하락 채널을 돌파함으로써 길게 이어져 오던 하락 추세를 상승으로 되돌리는 듯 보이지만 아직 뉴스는 따라오지 못할 수 있습니다. 돌파 시점에도 A 기업에 대한 시장의 평가는 여전히 부정적이죠. 다만 내가 모르는 사이에 실적이 개선되고 있다거나 눈치 빠른 애널리스트가 업황이 돌아서고 있다는 리포트를 발간했거나 실제로 업황이 돌아서고 있을지도 모릅니다. 자세한 내막은 알 수 없지만 가격, 그러니까 수많은 수요자와 공급자의 거래로 형성되는 주가가 먼저 슬쩍 속내를 드러낸 것일 수 있다는 점이 중요합니다. A 기업 주가의 오랜 하락 채널 돌파를 바라보며 내가 모르는 가치 변화가 있을 수 있겠구나 짐작해 볼 수 있습니다.

ⓐ, ⓑ, ⓒ 어느 자리에 베팅했든 가격이 당연히 바로 오르지는 않습니다. 오히려 휩소(whipsaw: 속이는 모양새)일 수도 있습니다. 하지만 3년 만에 추세를 돌린 이유가 실제로 기업의 펀더멘털(기초 체력)이 개선됐

기 때문이라면 상승 추세가 장기적으로 이어질 가능성이 높을 수 있습니다. 반대로 아무런 의미도 없다면 주가는 다시 하락하여 하락 채널 안으로 복귀할 것입니다. 혹은 하락 채널 하단부로 더 깊이 떨어질 수도 있습니다. 그러니까 손절 라인을 잡아 두고 대비하는 수밖에요. 추세를 돌린 다음 올라가는 건 알아서 올라갈 일이고 예상과 다른 하락 흐름이 나올 때 칼같이 정리할 준비를 해야 합니다.

변곡점에서 상승하고 하락할 확률은 언제나 반반이다

변곡점이라고 판단했어도 변동성이 바로 증폭되지 않을 수 있습니다. 오르거나 내리는 대신 지루한 횡보가 얼마든지 나올 수 있습니다. 이때 투자자는 불안해집니다. 그럴 땐 대응 계획을 갖고 기다리면 됩니다. 진입했던 가격을 기준으로 조금씩 떨어진다면 떨어질 때마다 조금씩 덜어 낸다거나, 오를 때마다 일부 익절하면서 비중을 조절할 수 있습니다. 위험을 관리하기 위해서 말이죠. 물론 아무것도 하지 않고 기다릴 수도 있습니다. 예상과 다르게 횡보가 길어질 때 이를 완전히 정리하고 다음 기회를 노릴 수도 있고요.

가격이 올라갈 확률과 떨어질 확률은 언제나 반반입니다. 변곡점이라고 다르지 않습니다. 내가 좋아하고 대응하기 편한 패턴만이 있을 뿐입니다. 각 패턴의 변곡점마다 리스크가 다르고 개인이 감당할 수 있는 금액, 능력, 계좌 상황도 다르기 때문에 사람마다 선호하는 변곡점은 동일할 수 없습니다. 반복해서 말하지만 내가 좋아하고 익숙한 자리라도 주식은 올라갈 확률 반, 내려갈 확률 반입니다. 변곡점이란 추세의 전환을 의미하거나 그 지점으로부터 변동성이 증폭될 수 있음을 뜻할 뿐이지 꼭 오르는 지점이라고 할 수 없으니까요.

변동성을 더 극적으로 활용하고 싶다면 매수 계획 중인 종목이 현재 시장의 주도주인지 확인하는 것도 한 방법입니다. 주가는 경기 상황 등 외부 요인과 수급으로 인한 내부 요인 및 투자자의 심리 등에 의해 변동성이 증폭됩니다. 주도 업종의 주도주는 업황, 수급, 심리 모든 측면에서 대중의 관심이 집중되어 있죠. 쏠림 현상이 나타날 수 있습니다. 상승 추세에 들어섰을 때 수급이 몰리면서 변동성이 극대화될 수 있습니다. 상승의 변곡점을 제대로 포착할 수 있다면 큰 수익이 가능합니다.

또는 지수 차트를 확인하여 시장이 상승 추세에 있는지, 횡보 구간인지, 하락 추세인지 파악하고 하락 추세라면 차라리 매수하지 않고 때를 기다릴 수도 있습니다. 변동성이 하방으로 쏠리는 상황에서는 투자 규모를 축소함으로써 위험을 관리합니다. 아무리 좋은 종목이라도 전체 시장 분위기가 좋지 않다면 상승 확률이 급격히 떨어질 수밖에 없으니까요.

월급만으로 부자 되는 집중 투자법

3가지만 알면 기본기 끝! 나만의 변곡점 발견하는 법

개인적으로 차트상 좋아하는 자리가 그리 많지는 않지만 읽는 여러분의 이해를 돕기 위해 내가 어떤 자리를 좋아하는지 3가지 예시를 들어 더 자세히 이야기해 보겠습니다. 그 전에 차트에는 어떤 패턴이 있는지, 지지와 저항은 무엇인지 기초적인 내용부터 먼저 설명하겠습니다. 너무 겁먹지는 마세요. 기초적인 수준에 불과하니까 차근차근 읽어 주시면 됩니다.

나는 숫자와 그래프를 극도로 싫어하는 문과생입니다. 수학을 싫어하는 문과생에게조차 통하는 수준입니다. 어려웠다면 나로서는 시작도 안 했을 겁니다. 아마 누군가에게 소개하겠다고 나서지도 않았을 테죠. 그럼 3가지 개념을 먼저 소개하겠습니다.

변곡점을 발견하는 3가지 개념

첫 번째, 후회 감정으로 만들어지는 '지지선과 저항선'

일정 구간을 설정하고 주가의 최저점을 연결하면 지지선, 최고점을 연결하면 저항선이 됩니다. 저항선과 지지선의 배후에는 후회라는 감정이 있습니다. 시장 참여자 사이에 '그때 팔았더라면' 싶은 자리가 만들어지고 그 가격대에서 거래가 활발히 이루어지면서 저항선이 형성되죠. '그때 샀더라면' 하는 자리에서는 지지선이 만들어집니다.

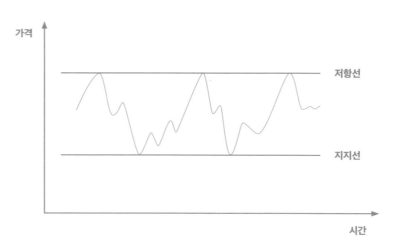

[그림1] 지지와 저항 그래프

월급만으로 부자 되는 집중 투자법

저항선이라고 해서 꼭 가격이 저항받지는 않습니다. 오히려 저항선이라 더 강하게 돌파할 수도 있습니다. 모두가 저항선이라고 인식한 자리에서 거래가 붙고 연쇄적으로 매수세가 생긴다면 가격은 저항선 위로 올라섭니다.

물론 대체로 저항선에서는 매도세가 발생합니다. 매도가 유리하다는 판단이 시장에 확산되면 매도세는 더 가팔라집니다. 반대로 지지선에서는 매수세가 가팔라지겠죠. 간혹 큰 상승을 앞두고 지지선 밑으로 가격이 확 빠지기도 합니다. 소위 '일반 투자자를 털고 간다'고 표현합니다만, 결론은 지지와 저항만으로 방향성을 예측하긴 어렵다는 점입니다. 그러니 '지지받겠다', '저항받겠다'며 확신하는 것은 위험합니다. 그 지점에서 가격의 변동성이 극대화될 수 있음을 염두에 두고 대응할 뿐이죠.

두 번째, 보이지 않는 길을 만드는 '추세와 채널'

때때로 어떤 자산의 가격은 보이지 않는 길을 따라 움직이는 듯하기도 합니다. 이때 일정한 구간을 정하고 가격의 바닥을 연결한 선이 우상향하고 있다면 상승 추세에 있다고 판단합니다.

상승 채널에서는 가격의 직전 저점과 직전 고점이 현재의 저점과 고점에 의해 갱신되는 형태로 나타납니다. 예를 들어 1,000원(직전 저점)이던 주가가 2,000원(직전 고점)으로 올랐다가 다시 1,500원(현재 저점)으로 하락하고, 이어서 2,500원(현재 고점)까지 올랐다고 가정해 보겠습니다.

2,000원에서 하락하던 가격이 직전 저점인 1,000원 위에서 저점을 형성하고, 가격이 재상승하면서 1,500원이 새로운 저점이 되고 직전 고점이던 2,000원을 돌파하며 새로운 고점을 형성한다면 상승 채널 안에서 가격이 변동한다고 판단할 수 있습니다.

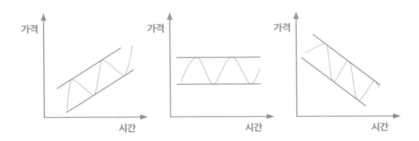

[그림2] 상승 채널, 횡보 채널, 하락 채널 그래프

하락 채널에서는 각 파동의 최고점과 최저점이 직전 파동의 최고점과 최저점보다 낮게 형성되겠죠. 횡보 채널이라면 가격이 지지선과 저항선을 기준으로 수평적인 움직임을 보입니다. 채널 안에서 가격은 저점과 저점을 이은 지지선과, 고점과 고점을 연결한 저항선 사이에서 움직이게 됩니다. 이를 가격이 채널 안에서 움직인다고 표현하며 채널을 돌파 또는 이탈(break out)하는 자리에서 변동성이 발생할 확률이 높습니다. 채널에 머무른 시간이 길어질수록 이탈 시 변동성은 극대화될 가능성이 높고요.

세 번째, 저점에서의 2가지 패턴

하락하는 가격은 대체로 2가지 패턴을 그리며 바닥을 만들어 갑니다. [그림3]과 같은 이중 바닥이나 역헤드앤숄더 패턴은 시장 참여자가 공통적으로 인식하는 패턴이므로 패턴이 형성된 이후에는 거래가 집중될 수 있습니다. 추세가 발생할 수 있는 지점이자 투자를 고려해 볼 만한 자리가 되는 것입니다. 떨어지는 칼날을 곧바로 잡는 대신 어느 정도 바닥을 형성해 가는 모습부터 확인한 다음 저점 매수에 나서는 전략을 취해 볼 수 있죠.

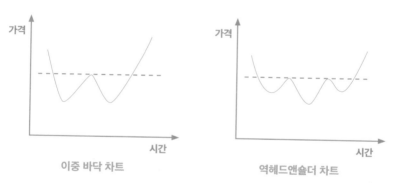

이중 바닥 차트 · 역헤드앤숄더 차트

[그림3] 이중 바닥과 역헤드앤숄더 차트

여기 다 설명하진 않았지만 이외에도 '컵 앤 핸들', '삼각수렴' 등 다양한 패턴이 존재합니다. 공부해야 할 패턴이 무한하지 않으니 패턴의 기본 형태를 골고루 익혀서 나쁠 건 없습니다. 전부 설명하지 않은 이유는 내가 결정적인 기준으로 활용하지 않아서일 뿐입니다. 당연히 나의 경우에 적극적으로 활용하지 않는다고 다른 사람도 활용할 필요가 없는 것도 아닙니다. 나는 좋아하는 패턴이 아니라면 참고만 할 뿐입니다. 익혀 두지 않은 다른 패턴을 주요한 판단 기준으로 활용하진 않습니다. 다만 내가 좋아하는 자리에서 주가가 삼각수렴 형태로 횡보하고 있다면 수렴이 끝나는 지점을 좀 더 예민하게 주목합니다. 그 자리에서 발생 가능한 변동성을 더 적극적으로 관리하기 위해서 말입니다.

언제 사야 할까?
매수 시나리오와
타이밍 알기

혹시 취업을 준비하며 몇 번이나 면접을 봤는지요. 면접이 예상대로 진행되는 경우란 잘 없지 않던가요. 그럼에도 예상 질문을 만들어 보고 답도 적어 가며 준비하게 됩니다. 기본은 해야 하니까요. 예를 들면 자기소개 정도는 반드시 준비해야 합니다. 기초적인 질문이지만 갑자기 물었을 때 답하기 어렵기 때문이죠. 예상치 못한 돌발 질문에는 외웠던 답을 바탕으로 새로운 답을 만들어 낼 수밖에 없습니다. 결국 열심히 외우고 다양한 경우의 수를 상상해 봤다는 자신감으로 긴장감을 억누른 채 면접에 대응하게 됩니다. 시나리오의 보이지 않는 힘이죠. 주식도 마찬가지입니다. 시나리오를 갖고 있느냐 갖고 있지 않느냐가 시장에 대한 대응력에 큰 차이를 만들어 냅니다.

매수 타이밍을 가늠할 수 있는 37가지 시나리오

시나리오를 쓰려면 기준이 있어야 합니다. 나는 변곡점을 활용해 시나리오를 그려 봅니다. 일봉, 주봉, 월봉으로 차츰 기간을 늘려 가면서 가격의 전체적인 흐름과 패턴이 어떻게 변화하는지 확인합니다. 대략적인 목표 수익을 정하고, 손절 라인을 정하며 다양한 경우의 수를 따져 봅니다. 예측하지 못한 급등과 급락이 나왔을 때 그래도 시나리오를 써 본 사람은 상대적으로 민첩하게 대응할 수 있습니다. 팔 자리가 아닌데 공포에 사로잡혀 팔아 버린다거나, 탐욕에 눈이 멀어 매도해야 하는 지점에서 일부도 익절하지 못하는 경우를 최소화하는 것입니다. 다음 이야기에서는 내가 어떤 시나리오로 매수, 매도를 하며 변화에 대응하는지 소개하겠습니다.

첫 번째, 오랫동안 하락하다 횡보하는 우량 자산

긴 시계열 속에서 가격이 채널을 따라 꾸준히 하락하는 경우가 있습니다. 그러다 채널을 뚫고 가격이 올라오는 시점이 있죠. 1년 또는 2년 주기로 콤비네이션 전략에 따라 집중 투자를 계획한다면 일봉, 주봉, 월봉까지 살펴봅니다. 오랜 시간 채널 안에서 움직이다 이제 막

월급만으로 부자 되는 집중 투자법

채널을 돌파했거나, 돌파하려는 우량 자산에 주목하는 것도 괜찮은 진입 전략이 될 수 있습니다.

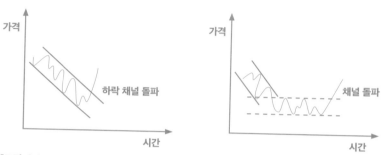

[그림4] ①장기 하락 채널 돌파 또는 장기 하락 후 횡보하는 채널 돌파하는 자리

마침 실적까지 턴어라운드되는 경우가 있습니다. 기업이 적자에서 흑자로 전환하거나, 이익 증가가 예상되는 타이밍과 주가가 추세를 돌파하는 타이밍이 일치하는 것이죠.

가격의 추세 전환을 확인한 다음 해당 기업의 업황과 이익 구조를 살펴보며 실제로 흑자로 전환하고 있는지, 미래 실적 추정치가 증대되고 있는지 간단히 살펴봄으로써 추세를 따라갈 수 있습니다. 만약 차트상 추세가 급하게 꺾여 다시 채널 안으로 가격이 회귀한다면 손절로 위험을 관리해야 할 것입니다.

하락 추세가 진정되고 바닥권에서 횡보하는 차트도 있습니다. 개인적으로 횡보는 길어질수록 좋다고 봅니다. 횡보 자체가 에너지를 축적하는 과정이기 때문입니다. 긴 횡보 구간을 뚫고 상방으로 추세를 돌린 가격은 오래 올라갈 확률이 높습니다. 돌파 후 가격이 눌리며 횡보 채널이 바닥이었음을 확인하는 리테스트(retest)까지 마쳤다면 더 높은 확률로 추세가 전환될 수 있습니다. 물론 그렇지 않은 경우도 언제든 가능합니다. 횡보하다 거래량이 발생하며 채널 아래로 가격이 하락할 경우에는 손절해야겠죠.

두 번째, 계단식으로 상승하는 자산

상승 추세를 활용하는 전략 중 하나입니다. 계단식 상승, 특히 직전 매물대나 직전 고점을 강하게 돌파하고 횡보할 땐 신고가를 경신하며 상승을 이어 갈지 모릅니다. 손절은 가격이 횡보 채널의 하단을 이탈할 경우 실행하면 되니까 손절 기준도 명확한 편입니다.

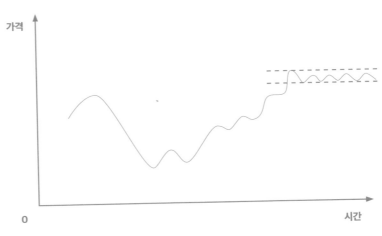

[그림5] ②계단식 상승 후 횡보하는 자리

월급만으로 부자 되는 집중 투자법

세 번째, 몇 번의 바닥을 찍고 상승의 흐름이 보이는 자산

쌍바닥이나 헤드앤숄더 패턴을 활용해 투자할 땐 가능한 한 긴 시계열의 그래프를 참고합니다. 일봉, 주봉, 월봉을 계속 돌려 보며 쌍바닥 또는 헤드앤숄더 패턴을 완성시키는지 주목합니다. 아무래도 장기 차트에서 나타나는 패턴은 단기 차트의 패턴보다 신뢰도 측면에서 우월합니다. 뿐만 아니라 장기적인 흐름에서 저점인지 알고 싶은 이유는, 장기 투자를 하고 싶기 때문입니다. 운 좋게 저점을 잡았다면 자연스레 오랜 시간 한 종목에 투자함으로써 수익 극대화를 기대해 볼 수 있죠.

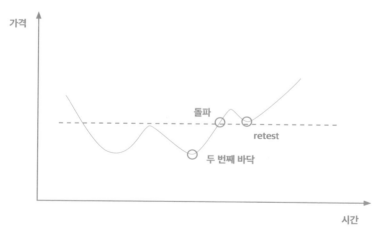

[그림6] ③쌍바닥 또는 헤드앤숄더 패턴을 만들며 바닥을 만드는 자리

세 가지 경우가 모두 나타나는 자산

각각의 패턴을 별개로 설명했으나 하락 후 횡보하는 채널 안에서 쌍바닥 형태를 만든 다음 가격이 채널을 재차 돌파하는 자리(①, ③ 혼용)가 나타날 수 있고, 장기 하락 채널 돌파 후 계단식으로 상승하다 중간에 횡보하는 자리(①, ② 혼용)도 존재할 수 있습니다. 당연히 겹치면 겹칠수록 더 선호할 수밖에 없습니다. 다음과 같이 ①, ②, ③ 모두 나타나는 자리도 가능합니다.

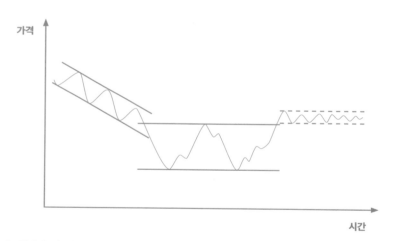

[그림7] ①, ②, ③ 모두 나타나는 차트

①, ②, ③이 모두 순차적으로 나타난다고 해서 이 자리가 완벽하다는 의미는 아닙니다. 하지만 개인적으로 아낄 수밖에 없는 자리입니다. 같은 차트를 봐도 사람마다 ①, ②, ③은 서로 다르게 규정할 수 있

습니다. 다만 나는 ①, ②, ③을 좋아하고 익숙하게 느끼는데 ①, ②, ③이 동시에 나타나는 자리를 만나게 되면 속으로 '유레카'를 외치고 일단 평소보다 더 많은 시간을 기업과 시장 분석에 할애합니다.

이때 다음과 같은 것들을 확인합니다. 팔로우 업 한다던 고수들이 해당 기업과 그 업황과 관련하여 언급한 내용이 있는지 찾아보고, 그 중 유명한 가치 투자자가 해당 기업을 좋게 평가했다면 재무적으로 큰 문제는 없을 것이라는 판단도 합니다. 이익 대비 시가 총액을 간단히 살펴보면서 고평가된 상황은 아닌지 확인하고, 지난 1년간 기업 리포트가 어떻게 변화해 왔는지 애널리스트의 의견을 시간의 흐름에 따라 살펴볼 수 있습니다. 또한 현재 시장에서 소외된 업종이라면 거품이 낄 상황은 아니라고 판단하고, 그럼에도 소형주는 위험 부담이 있으니 대형주를 더 선호합니다. 그 외에 나름대로 보유한 체크 포인트를 더 꼼꼼하게 확인합니다.

누군가는 '차트에 겹쳐서 나타나니까 더 이상 다른 분석은 필요 없는 것 아닌가요?'라고 물을 수 있겠지만 마음에 쏙 드는 매수 지점을 만나는 기회가 흔치 않은 만큼 물량을 크게 싣고자 합니다. 손절 계획만 제대로 잡힌다면 기회다 싶을 때 크게 담을 줄 알아야 하고, 용기를 내기 위해서는 어느 정도의 확신도 필요해서 신중히 접근해 보는 것이죠.

이외에 나는 '급등하는 주식은 매매하지 않는다', '차트로 읽을 수 있는 기준이 없다면 거래하지 않는다'처럼 나름의 금지 사항을 지키며 매수 타이밍을 결정합니다. 차트를 볼 때 가능한 한 긴 시계열을 보려고도 합니다. 긴 흐름 속에 저점을 형성하는지, 혹은 오랜 시간 횡보하며 바닥을 충분히 다졌는지 등을 점검하죠. 그 안에서 원하는 패턴을 찾으려 노력합니다. 매수하고 싶은 자리를 발견하더라도 변동성이 증폭됐을 때 얼마나 오를지보다는 떨어진다면 어디까지 떨어질 수 있을지를 2배 더 고민합니다.

여러분의 생각은 어떤가요? 혹시나 여러분이 매력적인 패턴을 찾았거나, 여러분만의 패턴을 기본적 분석과 절충하는 더 훌륭한 방법을 발견한다면 내게도 알려 주면 고맙겠습니다. 투자란 그런 것이니까요. 나의 방법은 나의 방법일 뿐 최고는 아닐 것입니다. 누구든 더 쉽고 간단한 방법을 찾아낼 수 있습니다.

언제 팔아야 할까?
매도 타이밍
알기

수익 실현은 언제 해도 옳다고 생각합니다. 그럼에도 매수하자마자 오랜 시간 손실을 기록하다 어느 날 매수했던 가격까지 주가가 상승했다며 본전에 매도한다면 '손실은 길게, 수익은 짧게' 투자하고 있으니 문제가 있습니다. 어떤 초보 투자자는 계좌에 작은 수익만 발생해도 빨리 팔고 싶다는 초조함에 사로잡히기도 하고, 어떤 투자자는 영원히 가격이 오를 거라는 탐욕에 빠져 매도 타이밍을 놓친 채 이미 지나간 고점만 바라보다 손실을 입기도 합니다. 이는 아마 자기만의 매도 기준이 없기 때문일 텐데요. 나는 개인적으로 매도할 때 2가지 원칙을 지키려고 합니다. 차트는 참고하되 절대적인 매도 기준으로 활용하지는 않습니다. 2가지 원칙은 다음과 같습니다.

초보 투자자를 위한 2가지 매도 원칙

첫째, 매수하고 시간이 얼마 흐르지 않았는데 예상치 못한 급등이 나올 경우 대부분 정리합니다. 급등 후엔 조정이 나올 수밖에 없기 때문입니다. 물론 조정이 더 큰 상승을 위한 눌림인지, 단기 고점인지는 알 수 없습니다. 하지만 장기 상승의 초입일지라도 짧은 시간에 20~30% 급등이 나왔다면 그만큼 시간을 벌었다고 생각하며 익절하는 편입니다. 투자에 있어 절대 수익률만큼이나 기간 수익률도 중요하기 때문입니다. 빠르게 수익을 확정할 수 있다면 자금 관리도 한결 여유로워집니다. 익절한 현금을 보유하면서 리스크 관리에 활용할 수 있으니까요.

둘째, 100%는 아니지만 대개의 경우 수익의 적고 많음에 관계없이 수익의 일부는 일찍 챙겨 두려 노력합니다. 그리고 나머지는 오래 들고 있어 보려고 합니다. 남겨 둔 물량이 내가 매수한 가격으로 되돌아올 땐 손실 없이 매도합니다. 그 경우가 아니라면 길게 보유하는 것입니다. 그래야 수익을 크게 가져갈 수 있습니다. 차트의 장기 시계열에서 변곡점을 잡았고, 기업을 계속 팔로우 업 하는데 실적이 꺾이지 않는다면 굳이 중간에 정리할 필요는 없다고 생각합니다. 초반에 일정 부분 익절할 때마다 아쉬움이 남긴 했지만 돌이켜 보면 그때그때 확보했던 수익이 위험할 때 계좌를 지켜 주는 안전핀 역할을 해 주었습니다.

어느 정도 수익 선에서 보유했던 물량의 일부를 매도하는지 특별한 기준은 없습니다. 상황에 따라 달라져야 합니다. 기업 가치에 결정적 훼손은 없으나 갑자기 시장 상황이 부정적 분위기로 흘러가는 경우가 있습니다. 그럼 일부를 일찍 익절해 버립니다. 개별 종목의 일봉 또는 주봉상 강력한 저항선이 보일 때 혹시 하는 마음에 일부를 매도하기도 합니다. 초대형주의 경우에는 5%만 올라도 혹시 하락했을 때 추가 매수 하기 위해 일부 매도하고 기다려 봅니다. 일부를 먼저 매도하는 방법에 정해진 룰은 없습니다. 물론 드물게는 일부 익절 없이 전체 물량을 유지해 보기도 합니다만 이는 차트의 형태, 시장 상황, 심리적 과열 정도 등 다양한 요소를 복합적으로 고려해 판단한 경우입니다.

매수는 비교적 단순하게 결정하지만 매도는 더 복잡하게 고민하게 됩니다. 고민의 끝에서 마지막으로 나에게 질문합니다. '지금 자리에서 이 주식을 발견했다면, 여전히 매수할 만한 근거나 매력이 있는가?' 라고 말입니다. 첫 매수 결정 시기에 비해 가격이 높아졌더라도 현재 매수세가 붙었거나, 시장의 주도주로 자리 잡았거나, 기업 가치에 대한 시장 평가가 우호적으로 변했다면 매도 시점을 미룰 수 있습니다.

다만 이 질문을 한 뒤에도 '절대 매수하지 않을 것 같다'는 생각이 들면 가능한 한 정리에 돌입합니다. 당신도 당신만의 몇 가지 기준을 가지고 끊임없이 스스로에게 물어보며 매도 시점을 결정해야 합니다.

물타기를
해도 되나요?
불타기는요?

    자금을 관리하는 목적은 첫째, 위기 시 손실을 최소화하기 위함이고 둘째, 상승 시에는 수익을 극대화하기 위함입니다. 사실 오래 투자하기 위해서는 둘째보다 첫째가 중요한데 초보자들은 우선순위를 반대로 매기는 경향이 있습니다. 그래서 물타기와 불타기를 감행하곤 합니다.

    물타기란 매입한 가격보다 주식이 하락했을 때 추가 매입하여 평균 단가를 낮추는 방법입니다. 불타기는 그 반대입니다. 매입한 가격보다 주가가 올랐을 때 추가 매수하는 전략이죠.

    어떤 투자자가 A 종목을 매수했는데 사자마자 10% 손실이 나 버립니다. 분명 A 종목을 매수한 이유가 있을 것입니다. 저평가된 주식이라고 판단했을 수도 있고, 차트를 분석하고 상승을 기대했을 수도 있습니다. 이유야 어찌됐든 상승을 기대했으니까 매수한 것이겠죠. 그런데 10% 하락이 나오니 이제야말로 진정한 기회가 찾아온 듯 보입니다. 이 좋은 기업이 이렇게까지 싸게 할인하다니요. 그러나 여기서부터 잘못됐습니다. 10%가 하락했다는 사실이 중요합니다. 시장의 보이지 않는 손은 현 시점만 놓고 봤을 때 A 기업을 부정적으로 평가한 것입니다. 당신이 물타기를 하겠다는 결정은 내가 시장보다 보는 눈이 정확하다는 믿음에서 출발합니다. 미스터 마켓은 아이큐가 5만쯤 되는 천재입니다. 한두 번은 시장을 이길 수 있을지 몰라도 연속적으로 이기기는 어렵습니다.

초보자가 물타기로 위험을 관리하기는 어렵다

물타기는 기본적으로 위험을 내포합니다. 개인 투자자의 물타기란 대개 즉흥적으로 이루어지기 때문입니다. 계획에 없던 물타기는 손실을 극대화할 수밖에 없습니다. 애초에 자신 있는 지점에서 신중히 매수했어야 하고 원칙대로 손절매를 했다면 물타기 할 일은 잘 발생하지 않습니다. 다만 이런 경우가 있습니다. 차트상 지지와 저항을 기준삼아 진입하는데 그 지지와 저항이 모호한 경우입니다. 애초에 변곡점을 2개로 인식했다면 분할 매수의 시나리오를 고려할 수 있습니다. 진입 전부터 '혹시 이 가격까지는 주가가 떨어질지 모른다'고 염두에 둔 가격대가 있고, 계획했던 물량을 전부 매수하지 않은 상태에서 가격이 실제로 하락한다면 남은 물량을 추가로 매수해 볼 수 있습니다. 물타기보다는 분할 매수에 가깝다고 봐야겠지만 말입니다.

물타기를 하는 대신 살짝 덜어 내는 방법이 있습니다. 꼭 숫자로 정할 필요는 없습니다만 대략 -6% 정도를 손절 기준으로 정하고 진입했다고 가정하겠습니다. 그런데 막상 매수하고 나니 진입 가격 기준으로 ±2% 내외에서 횡보가 길어집니다. 그럴 경우 -2% 시점에 우선 비중을 30% 정도 덜어 내 위험을 관리할 수 있습니다. 덜어 냈는데 갑자기 가격이 수익 구간으로 올라갈 경우 덜어 낸 30% 정도는 위험 관리 차원에서 어쩔 수 없었다고 생각해 버리면 그만입니다. 물론 30%를 덜어 낸 상황에서 손절 가격인 -6%에 도달했다면 보유하고 있는 나머지 70%도 손절해야 할 것입니다.

불타기는 물타기와 반대로 생각하면 이해하기 편합니다. 물타기는 가격이 떨어지는 와중에 추격 매수를 진행하니 손실이 눈덩이처럼 불어날 수 있습니다. 이와 반대로 기회다 싶을 때 올라가면서 추격 매수하는 불타기 전략은 수익을 극대화하는 방법이 됩니다. 하지만 이것도 개인의 취향에 따라 판단할 문제입니다. 나의 경우에는 평균 매수 단가를 낮게 유지하길 좋아하기도 하고, 내 기준에서 기회라고 판단한 것이 기회가 아닐 수 있다고 끊임없이 의심하는 편이라 불타기를 제한적으로 활용합니다.

  물타기나 불타기에 법칙은 없습니다. 오랜 시간 훈련된 투자자가 축적된 노하우와 직감을 바탕으로 자기 방식대로 활용하는 기술이기 때문입니다. 사실 초보 투자자들은 불타기보다 물타기 유혹에 쉽게 노출됩니다. 떨어진 가격에 추가 매수하여 평균 매수 단가를 낮춤으로써 하루 빨리 손실을 회복하고 싶기 때문입니다. 물론 주가는 일방적인 하락도 상승도 잘 없기 때문에 물을 타면 탈수록 투자했던 원금을 회수하기 용이해집니다만, 투자에 나선 우리는 언제나 만약을 가정해야 합니다. 끝없이 하락하는 경우를 염두에 두고 조심해야 하죠. 시장에 오래 살아남을 수만 있다면 언제든 기회는 있으니까요.

종목은
몇 개를 보유해야
적당할까?

"종목은 몇 개나 보유하고 있어요?"라는 질문을 자주 받습니다. 그러면 "최대한 적을수록 좋아요. 아무리 많아도 5개 종목 이하로 유지하려고 노력하죠"라고 답합니다. 주식을 해 보면 알겠지만 이 종목도 사고 싶고 저 종목도 사고 싶어집니다. 이걸 들고 있으면 저게 오를 것 같고, 저걸 들고 있으면 또 다른 종목이 오를 것 같기 때문입니다. 마치 쇼핑하듯 매수 버튼부터 누르는 스스로를 발견하게 됩니다.

종목이 늘어나면 모든 종목이 오르길 기대하기 어렵고 대응력도 둔해집니다. 변곡점을 기준 삼아 매수한 종목이라도 보유한 이후에는 차트 외적인 변화를 꾸준히 팔로우 업 하게 됩니다. 준비는 하고 있어야 갑작스러운 하락이나 상승이 왔을 때 날카로운 대응이 가능하니까요. 하지만 보유한 종목이 많으면 이슈의 파급 효과가 가격에 미칠 영향을 뒤늦게 인지하거나 기술적 대응이 늦어져 손실 관리에 소홀해질 수 있습니다.

매수 종목은 5개 이하가 적당하다

포트폴리오에 종목을 소수만 들고 있어야 비중 조절이 수월하기도 합니다. 예를 들어 A 주식을 매수했다고 가정하겠습니다. 시장은 지루한 횡보장임에도 A 주식을 사자마자 가격이 3%나 떨어집니다. 고심해서 매수했을 텐데 단기 트레이더가 아닌 이상 3% 떨어졌다고 손절하긴 어렵습니다. 문제는 '여기서 3% 정도 더 떨어지면 손절해야지'라고 계획을 세웠는데 갑자기 하루 만에 10%가 하락한 경우입니다. 시나리오가 어긋나면서 손절 타이밍을 완전히 놓쳐 버린 것입니다.

A 주식이 3%가 떨어지던 날, 과연 아무것도 할 수 없을까요? 때마침 나의 포트폴리오에 3% 이상 상승한 종목 B가 있었다면 위험을 관리할 수 있습니다. A에서 일부 손절하고 손절한 만큼 B 주식을 일부 익절함으로써 균형을 맞출 수 있죠. A로부터 손절한 금액만큼 B로부터 익절했으니 전체 계좌에는 손실이 없습니다. 대신 A와 B를 매도한 만큼 계좌에는 현금이 생기므로 향후 발생할지 모르는 위험에 대하여

대응력은 키우고 리스크는 낮출 수 있게 됩니다.

이건 한 예시일 뿐 계좌를 관리하는 법 역시 각자에게 편한 방법이 있습니다. 상승장, 횡보장, 하락장마다 미세하게 달라질 수도 있고요. 다만 민첩성을 요구한다는 점은 공통적인 과제이므로 종목을 여러 개 보유하면 불리할 수밖에 없다는 점을 강조하고 싶습니다.

"전체 계좌에 플러스인 종목이 없으면 계좌 관리는 어떻게 해요?"라고 묻는다면, 아마 속으로 '그 상황까지 가도록 내버려 두면 안 됐어요' 라고 답할 것 같습니다. '손실은 짧게, 수익은 길게'라는 원칙을 지키면 손실 난 종목들은 가능한 한 바로바로 잘라 내니까 계좌에는 수익 중인 종목만 남아 있어야겠죠.

물타기는 여전히 추천하지 않습니다만 그럼에도 최악의 경우엔 결정적인 변곡점에서 마지막이라는 심정으로 추가 매수를 고려해 볼 수 있을 것입니다. 물론 손절 라인을 정말 타이트하게 잡아야 하고 예상과 다르게 가격이 움직인다면 미련 없이 손절한다는 가정하에 말입니다. 말이 그렇다 뿐이지 초보 투자자가 코너에 몰린 상황에서 냉정하게 행동하긴 어렵습니다. 이것이 최악의 경우라도 물타기를 추천하지 않는 이유입니다. 어설프게 손실을 최소화하려다 자칫 전부 잃는 위기만큼은 반드시 피해야 하는 초보자 입장에서 말입니다. 차라리 물타기 대신 끝까지 현금을 보유하며 심리적으로 버티는 게 결과적으로 나은 경우도 있으니까요.

하락장은
예측할 수 없지만
대처할 수는 있다

되도록 하락장에서는 주식을 하지 않으면 어떨까요? 물론 현 상황이 하락장인지 아닌지 파악하긴 어렵습니다. 운이 좋아 주식을 보유하지 않은 상황에서 하락장이 오더라도 상승 전환하는 과정을 놓치게 될 수도 있습니다. 그래도 굳이 전문 투자자가 아닌데 하락장에서 고생하며 버텨야 할 이유가 있을까 싶습니다. 주식이 아닌 다른 자산 시장에 눈을 돌리는 것도 하나의 방법이 될 수 있고요.

국내 주식이라면 지수 차트, 환율 차트 등을 참고해 하락장을 조심해 볼 수 있습니다. 지수 차트가 주봉, 월봉상 상승 채널을 이탈하거나 갑자기 주봉, 월봉에서 큰 음봉이 나왔을 때 '어? 좋은 시그널은 아니군' 하고 판단합니다. 한편 환율과 국내 주식 시장은 역의 상관관계가 높습니다. 예를 들어 환율의 장기 그래프가 추세적 하락 끝에서 쌍바닥을 만들고 상승하는 쪽으로 방향을 돌리고 있다면 '음, 혹시 모르니 조심해야겠군' 하는 정도로 판단합니다. 혹은 시장 전체의 이익 전망치가 너무 가파르게 올라 장밋빛 전망이 시장을 지배할 때 본능적으로 경계합니다. 모두 예시일 뿐입니다만 지금 예로 든 시그널이 동시다발적으로 발생할 경우에는 현금 비중을 늘리거나, 손절 기준을 더 예민하게 점검하거나, 보유 종목을 줄이는 방법으로 위험을 대비할 수 있겠죠.

코로나19 팬데믹 사태와 같은 급격한 하락장에는 모두가 속절없이 당할 수밖에 없습니다. 그럼에도 하락장을 대응해야 한다면 우선 보유 종목 수부터 줄여야 합니다. 한 바구니에 담은 계란은 함께 깨질 수밖에 없습니다. 다 터지면 반등장에서 회복하기가 만만치 않습니다. 시장이 나빠도 그중에 잘 버티는 종목들이 있을 것입니다. 불안했던 종목부터 매도하고 현금을 보유할 수도 있고 잘 버티는 종목에 비중을 더할 수도 있습니다. 회복하는 상승장에서 먼저 올라온 종목이 있다면 매도하고, 아직 올라오지 못한 종목으로 매매를 교체할 수도 있죠. 하락장이라도 손절을 잘해야 손실을 최소화할 수 있고 포트폴리오를 압축해야 상승장이 왔을 때 빠르게 만회할 수 있습니다.

나는 하락장은 피하는 편이고 부득이 급락을 경험하는 순간에는 손절을 선택합니다. 내가 전문 트레이더도 아니고 훈련된 가치 투자자도 아닌데 평정심을 유지하기란 쉽지 않으니까요. 공포에 사로잡히는 순간에는 가격을 들여다보는 일조차 버겁습니다. 물론 '어어' 하다가 손절도 못 하고 물리는 경우도 생깁니다. '돈이야 다시 모으면 되지' 하며 평정심을 되찾기 위해 노력하는 수밖에요. 하지만 어떤 사람이든 물린 상태로 하루하루를 견디기란 결코 쉽지 않습니다. 물에 빠져 허우적대는 느낌이고, 폐쇄된 공간에서 숨이 턱턱 막히는 듯하거든요.

투자를 꾸준히 이어 가고자 한다면 자기만의 휴식 원칙이 반드시 필요합니다. '손절할 경우에는 손절한 금액으로 일주일간 매매하지 않는다'와 같은 단기 원칙부터 '한두 해 정도는 투자로부터 자유롭게 지내고 싶다'는 장기 플랜까지 말입니다.

아무리 훌륭한 투자자라도 슬럼프나 외부 충격은 피해 갈 수 없습니다. 학창 시절로 돌아가 보세요. 공부만 하는 학생 말고 놀 땐 놀고 공부할 땐 공부하는 학생이 되고 싶지 않은가요? 그런 리듬이 효율적이기도 하고요. 투자도 마찬가지입니다. 할 때 집중적으로 하고 쉴 때 쉴 줄 아는 현명한 투자자가 되고 싶다면 욕심일까요?

테슬라, 기아차, 현대차로 보는 변곡점 찾는 방법

　이 책은 집중 투자를 강조하고 있습니다. 집중 투자에는 위험 요소가 있습니다. 그래서 리스크 관리의 중요성도 두 번 세 번 썼습니다. 혹시나 사회 초년생이 급한 마음에 손절의 개념도 모른 채 비우량 자산부터 집중 투자를 시작할까 봐 걱정이 됩니다. 이번에는 구체적인 기업을 예로 들어서 설명을 보완해 보려고 합니다. 자동차 업체인 테슬라, 현대차, 기아차의 과거 차트를 통해 개인적으로 좋아하는 자리를 살펴보겠습니다.

　물량도 싣고 추세를 길게 가져가고 싶을 땐 최대한 장기적인 관점으로 차트를 봐야 합니다. 일봉은 물론 주봉, 월봉까지 살펴봐야 하죠. 개인 투자자이자 초보자인 우리가 매일 투자하며 살 필요는 없습니다. 그러므로 5년 혹은 10년에 한 번 오는 자리, 한 번의 드문 기회를 잡는 편이 낫습니다. 테슬라의 4년 치 차트부터 볼까요?

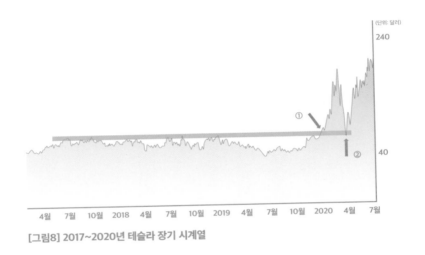

[그림8] 2017~2020년 테슬라 장기 시계열

2019년 12월, 주가는 길었던 횡보 채널을 돌파하고 있습니다.(화살표①) 휩소가 아니라 실제로 돌파하는 자리라면 횡보가 길었던 만큼 긴 상승 추세로 전환할 가능성이 높습니다. 이런 지점에서는 장기 투자를 시도해 볼 수 있습니다. 시점에 미세한 차이는 있지만 돌파 시점 즈음 실제로 테슬라의 실적이 개선되는 중이었던 것으로 기억합니다. 물론 긴 횡보 구간을 돌파하고 가파르게 상승하다 얼마 지나지 않아 코로나가 발생하여 다시 되돌림(retest)을 주긴 했지만(화살표②) 2020년 초 시점만 놓고 봤을 때, 차트상 확실히 이전과는 다른 파도가 오고 있음을 짐작할 수 있습니다. 훌륭한 서퍼라면 자신이 좋아하는 파도가 왔을 때 그 파도의 흐름을 따라 봐야겠죠.

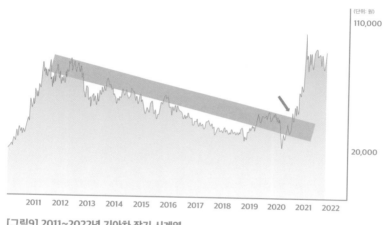

[그림9] 2011~2022년 기아차 장기 시계열

약 10년간 이어졌던 하락 추세를 돌파하고 이탈하는 자리입니다. 물론 추세 이탈 지점 전후로 하여 매수 시점은 개인마다 달라질 수 있습니다. 추세 이탈 직전에 매수할 수도 있고, 추세를 돌파한 다음 추세 돌파를 추종해 단기적으로 매수에 가담했던 자금이 매도하고 나가며 눌리는 지점(retest)에서 매수할 수도 있습니다. 원칙적으로는 후자가 안정적인 매매지만 때로 매수세가 강할 때에는 조정 없이 올라가는 경우가 있어 전자의 자리에서 매수를 타깃팅 해 볼 수도 있습니다. 욕심을 내겠다면 추세선 돌파 직전에 매수할 수도 있겠죠. 매수 시점은 손절 계획에 따라 달라집니다. 사람마다 민첩하게 대응할 수 있는 자리가 다르니까요. 채널을 상승 이탈하며 거래량이 크게 실린다면 그것이 추세로 이어질 확률이 더 높다고는 하는데 이 역시 참고만 할 뿐입니다.

[그림10] 2003~2022년 현대차 장기 시계열

2020년 3월, 주가는 바닥을 향해 무섭게 내리꽂히고 있습니다. 모두가 극도의 공포에 사로잡히는 시점입니다. 코로나19라는 외부 변수를 고려하더라도 현대차의 급락은 과도해 보입니다.

기업이 공중분해가 되지 않는 한 기업의 기본 가치라는 것이 있습니다. 역사적인 바닥 구간에서 가격이 지켜질 확률이 높습니다. 그러니 기업과 시장과 외부 변수에 흔들리지 않고 차트에 집중해 보는 것입니다. 만약 가격이 지켜진다고 가정해 보겠습니다. 20년의 기간 동

월급만으로 부자 되는 집중 투자법

안 형성된 바닥을 다시 한번 확인(retest)한 자리로써 추세를 돌릴 수 있는 지점이기도 합니다.

투자는 학문 연구가 아닌 시험에 가깝다

테슬라, 기아차, 현대차 세 차트를 두고 설명했습니다만 앞선 두 차트와 현대차 차트에는 차이가 있습니다. 테슬라와 기아차는 직전 고점을 돌파하고 있으나 현대차는 그렇지 못합니다. 저점에 베팅하는 방식은 큰 수익을 가져다주기도 하지만 리스크도 크게 내포합니다. 실제로 회사가 망해 가는 지경인지 저점을 확인하는 중인지 우리는 알 수 없으니까요. 2020년 3월처럼 저점을 찍는 날은 '우리나라 1등 자동차 기업이 설마 망하겠어?'라며 모험을 거는 수밖에 없습니다. 하지만 설마설마하던 일은 언제든 현실에서 벌어질 수 있으니 초보자라면 모험을 하더라도 가급적 우량 자산 위주여야 그 설마의 확률도 낮출 수 있습니다.

기준에 따라 다르긴 해도 테슬라, 기아차, 현대차라면 현 시점 기준 우량 자산군에 포함할 수 있을 것입니다. 우량 기업의 장점은 모든 정보가 투명하게 공개되어 있고 기업 가치가 가격에 이미 반영됐을 확률이 높다는 점입니다. 상대적으로 가치를 오해할 확률이 작을 수밖에 없죠. 차트만으로도 힌트를 잡을 수 있다는 뜻입니다. 게다가 5년,

또는 10년 가까이 장기간 이어지던 추세가 어느 순간 바뀌는 유의미한 지점을 차트에서 포착해 낼 수 있다면 집중 투자의 성공 가능성을 높이게 됩니다. 역시나 여기까지는 개인적 취향에 관한 이야기였습니다. 투자자가 어떤 기준을 자신만의 도구로 삼을지는 각자의 문제입니다. 그러니 '이 사람은 이런 기준이 있구나. 나는 어떤 나만의 기준을 찾아볼까' 하는 마음으로 이 책을 읽어 주면 좋겠습니다. 결국 주식 투자는 선택의 순간이 찾아올 때마다 자신에게 익숙한 도구를 사용할 줄만 알면 되니까요.

너무 단순하다고 생각할 수도 있겠습니다. 하지만 투자는 학문 연구가 아닙니다. 오히려 시험에 가깝습니다. 학문하는 사람은 폭넓게 관련 분야를 연구하지만 수험생은 다릅니다. 짧은 시간에 쓸모 있는 기술을 익혀 적재적소에 활용해야 좋은 성적이 나옵니다. 투자도 마찬가지입니다. 수익을 내는 데 방대한 지식이 필요하진 않습니다. 절대적인 방법 하나만 존재할 수도 없습니다. 본인이 직접 성공과 실패를 경험해 보는 수밖에요. 다만 경험하면서 몇 가지 깨달음을 빠르게 얻고 자신만의 기술로 엮어 보길 바랍니다. 그러면 당신의 투자는 한결 수월해질 것입니다.

기업의
가치 평가,
할까 말까?

내가 주식 투자를 처음 시작했을 때 기업의 가치 평가를 잘하지 못할 것이라고 가정했습니다. 기업 분석에 성공하는 사람들은 극소수입니다. 게다가 나는 직장을 다니는 처지였고 남들보다 뛰어난 통찰력을 갖지도 못했습니다. 분석을 하더라도 실패할까 봐 두려웠고요.

가치 평가를 할 땐 필연적으로 개인의 주관적 판단이 개입됩니다. 평가하는 사람에 따라 측정하는 방법이 다르고 어떤 기준에 가중치를 두는지도 같을 수 없기 때문입니다. 사실 기업의 적정 가치를 모든 사람이 똑같이 평가한다면 거래는 일어날 수 없습니다. 누군가는 현재 주가 대비 기업의 가치가 낮다고 생각해서 매수하고, 반대편에서는 기업 가치가 높다고 평가하여 매도하기 때문에 거래가 발생합니다. 기업의 적정 가치가 정해져 있다면 사고파는 둘 중 하나는 가치를 잘못 평가하고 있는 것입니다. 그 잘못된 매매의 주인공이 내가 될 수 있음을 늘 염두에 둬야 합니다.

주가가 하락하면 일단은 그 현상을 부정적으로 받아들일 필요가 있습니다. 하지만 내가 보유한 종목에 대해서만큼은 그러기가 쉽지 않습니다. 인간은 보유하고 있는 종목에 개인의 감정을 쉽게 투영합니다. 초보자라면 특히 더 그렇습니다. 시장 탓을 하거나, 과거에도 하락했다가 올라왔다고 생각하든가, 최근 실적이 좋고 어차피 장기 투자를 목적으로 매수했으니 괜찮다든가 하는 온갖 이유를 붙이며 애써 긍정적으로 생각하죠. 물론 하락을 견디고 장기 투자에 성공하여 큰 수익을 거둘 수도 있습니다. 하지만 장기적으로 큰 손해를 볼 수도 있습니다. 워런 버핏에게는 2가지 투자 원칙이 있었다고 하죠. 첫째, 절대 원금을 잃지 마라. 둘째, 첫째 원칙을 지켜라.

초보자가 기업 가치를 평가할 때 확인할 3가지

개인적으로 기업 가치를 평가하긴 합니다만 꼭 필요한 부분만 확인하는 정도에 그칩니다. 내가 갖고 있는 가치 평가 툴은 기본적인 수준이고 다른 툴을 더 배울 생각도 아직은 없습니다. 그 이유는 구력이 오래되지 않은 내 입장에서 오히려 고려해야 할 변수가 늘어날수록 의사 결정 과정이 복잡해지는 경험을 자주 했고 이것이 정확한 판단을 방해했기 때문입니다.

우리는 전문 투자자도, 전업 투자자도 아닙니다. 직장 생활이든, 가족과의 시간이든, 개인적인 취미든 투자가 아닌 다른 것을 삶의 중심에 놓고 살아갑니다. 전업 투자자나 자산 운용사의 펀드 매니저처럼 일상의 대부분을 기업 분석에 쏟아부을 수는 없습니다. 그들의 방법이 설령 정석이라 하더라도 우리가 투입하는 절대적 시간은 전문가들보다 한참 뒤처지는데 그들보다 더 좋은 성과를 내고 싶다면 그것은 욕심이 아닐까요? 이런 이유로 나는 기업 분석보다는 좋아하는 패턴을 익히고 변곡점을 찾으며 탐욕, 공포와 같은 본능을 극복하는 데 집중했습니다.

물론 아무리 익숙한 변곡점에 가격이 도달하였더라도 적자 기업에 투자하진 않습니다. 내가 참고하는 최소한의 툴을 소개하면 다음과 같습니다.

첫 번째, 이익 대비 시가 총액 수준

재무제표가 기업 분석의 전부라면 회계사나 세무사가 주식 투자에 절대적으로 유리했을 것입니다. 나는 재무제표를 제대로 읽을 줄 모르지만 적자 회사는 걸러 냅니다. 영업 이익이 흑자인지 적자인지는 초보자도 쉽게 알 수 있습니다.

기업 가치는 기본적으로 PER을 통해 살펴봅니다. PER은 주가 수익 비율을 의미합니다. 기업의 이익에 비해 시가 총액이 어느 수준인지 가늠하는 지표죠. PER이 10 이하면 대체로 저평가된 상태라고 판단합니다. 물론 성장성이 높은 업종은 PER 30, 혹은 50도 적정한 가치로 인정해 주기도 합니다. 정해진 기준점은 없습니다.

동종 업계의 선두 기업과 PER을 비교해 본다거나, 이익 수준이 유사한 기업의 PER과 비교해 보면서 상대적으로 저평가됐는지 훑고 넘어갑니다. 차트상 저점을 잡고 싶은데 마침 PER이 그 기업의 역사적 저점 수준이라면 매수 결정에 확신을 더할 수 있습니다. 마찬가지로 차트상 고점 부근에서 횡보하거나 막 돌파하려는 자리에 투자하고 싶으나 고가라 부담을 느끼는 경우가 있는데 성장주로써 이익 성장이 내년, 내후년에 더 크게 일어날 거라 시장이 예상하고 있다면 매수를 결정하는 데 도움이 됩니다.

이외에도 기업의 순자산이 시가 총액보다 큰데 매출이 늘어나고 있는 경우, 매출과 함께 현금 흐름도 함께 좋아지는 경우 등 자기만의 기준을 갖고 PER을 살펴보면 기업 가치를 짐작해 볼 수 있습니다. 종국에 가치를 평가하는 100가지 방법이 있다면 그중 본인이 주로 활용할 5가지 기준을 추리고 상황에 맞춰 5가지 중 두세 가지를 실적 향상의 징후를 포착하는 방법으로 동원해 가치 추정 메커니즘을 단순화해야겠죠.

두 번째, 비즈니스 모델

그다음은 기업의 비즈니스 모델(BM)을 따져 볼 수 있습니다. 기업의 BM이 논리적으로 빈틈없는 구조인지 생각해 보는 것입니다. 돈을 잘 버는 회사는 BM이 까다롭지 않기 때문에 군이 직접 분석할 필요가 없습니다.

BM은 누군가가 분석한 자료만 읽어도 초보자 수준에서 쉽게 이해돼야 합니다. 애플의 아이폰을 떠올려 보세요. 아이폰은 독자적인 ios를 통해 한번 인연을 맺은 고객은 떠날 수 없도록 잡아 두고, 이용하는 고객이 늘어날수록 네트워크 효과가 발휘돼 자동적으로 더 많은 사람을 새로운 소비자로 흡수합니다. 직관적으로도 납득이 가능한 훌륭한 BM 아닌가요?

아이폰과 다르게 헬스장은 확장성에 한계가 있습니다. 사람이 붐빌수록 고객이 늘어나기 어려운 사업 구조입니다. 4차 산업 혁명 시대에는 무형 자산의 중요성이 강조되고 있습니다. 플랫폼 기업이 장기적으로 높은 성장성을 내포하는 이유 역시 네트워크 효과로 인해 사용자가 늘어날수록 그 사업 구조가 견고해지기 때문입니다.

물론 BM을 깊이 있게 분석하기 위해서는 기업의 주요 고객이 누구인지, 영업 비중은 국내와 해외 중 어느 쪽에 두고 있는지, 원가 구조는 어떤지 등 알아야 할 내용이 많습니다. 향후 2~3년 업황이 확실한 곳에서 심플한 BM까지 갖춘 기업이라면 투자 대상으로 굉장히 매력적이라고 생각합니다.

나는 기본적 분석을 세세하게 진행하진 않지만 기본적 분석이 전혀 필요 없다는 입장은 아닙니다. 변곡점에 투자해 운 좋게 상승 추세를 잡았더라도 추세에 확신을 더하고 인내하기 위해서는 기업의 펀더멘털을 확인해야 하기 때문입니다.

세 번째, 애널리스트 리포트

기업 분석을 전문 애널리스트보다 잘 해낼 자신이 있나요? 없다면 애널리스트 리포트는 참고할 가치가 있습니다. 탐방을 직접 가지 않는 한 기업 또는 산업을 분석하는 가장 효과적인 방법은 애널리스트의 리포트를 읽어 보는 것입니다. 처음부터 끝까지 세세하게 읽진 않습니다. 그럴 시간도 없고 다 알아듣기도 어렵습니다.

투자하고 싶은 기업이 있다면 해당 기업의 리포트를 찾아봅니다. 과거 리포트의 제목과 결론부터 훑어봅니다. 시간의 흐름에 따라 기업의 평가가 어떻게 변화해 왔는지를 먼저 알고 싶기 때문입니다. 애널리스트 리포트를 살펴볼 때는 숫자보다 스토리 위주로 읽고 이 기업이 어떤 비즈니스를 하는지, 그 이익 구조가 지속될 수 있는지를 직관적으로 판단합니다.

애널리스트의 리포트를 훑어보다가 새로운 종목을 발견하는 경우도 있습니다. 평소에 신뢰하는 애널리스트가 갑자기 새로운 기업을 커버한다거나, 커버하던 기업의 목표가를 대폭 상향한다면 호재가 해당 기업에 작용하고 있는지도 모릅니다. 밑줄 쳐 가며 읽기보다는 리포트의 제목과 결론 위주로 꾸준히 흐름을 따라가다 보면 어느 날 갑자기 다른 뉘앙스의 보고서를 발견하기도 합니다. 눈여겨볼 만한 기업을 발견한 이후에는 해당 기업이 기술적으로 내가 좋아하는 자리에 위치해 있는지도 확인합니다.

리포트를 참고할 땐 리포트가 선행적인지 후행적인지 판단해야 합니다. 급등이 나오고 대중이 관심을 갖기 시작한 이후에 후행적으로 목표가를 높이며 쏟아지는 장밋빛 리포트는 큰 의미가 없습니다. 기업의 체질이 바뀌었고 이익 개선은 지금부터 시작이라고 쓰였더라도 그것이 이미 가격에 반영됐는지 알 수 없고 반영되지 않았다고 해도 급등 후 어느 시점에 반영될지 알 수 없기 때문입니다.

기업의 기본적 분석은 직접 하는 수고가 원칙이지만 뛰어난 분석가들의 생각과 논리 구조를 참고할 수 있다면 시간을 절약할 수 있습니다. 최선은 아니라도 차선이 될 수 있겠죠. 물론 그들의 아이디어만으로 내 투자를 결정하지는 않습니다. 내게는 차트 활용법이라는 나만의 좁은 거름망이 있으니 스크리닝 작업을 거쳐 투자할 회사를 최종적으로 걸러 낼 수 있습니다. 이처럼 입맛에 맞는 리포트를 발견하고 기술적으로 익숙한 자리에 가격이 위치해 있다면 투자자에게 그것만큼 신나는 일이 없겠죠?

• 4장 •

필수 자산
내 집 마련에
적극적이어야
한다

부동산 시작하기

자본가가 되는 첫걸음, 똑똑한 한 채 마련하기

 2016년은 아직 주변 친구들이 부동산에 전혀 관심을 갖지 않던 시절이었습니다. 악착같이 모은 종잣돈과 신용 대출을 일으켜 첫 집을 마련했습니다. 그 과정에서 남들과 달랐던 점이 있다면 나는 내 관점을 신뢰하지 않았습니다. 내가 선호하거나 익숙한 장소가 아니라 남들이 좋다는 곳을 먼저 찾았습니다. 집값이 앞으로 어떻게 되든 나는 절약할 줄 아니까 은퇴하는 날까지 갚아 나가겠다는 각오도 했고, 그렇다면 이왕 오래 쓸 물건을 처음부터 잘 구매하자는 심정이었죠. 꽤 오래된 일 같지만 불과 5년 전만 해도 맞벌이 부부가 각자 모은 연봉과 직장인 대출만 적절히 활용한다면 매매가와 전세가의 차이를 이용해 어디든 집을 매수할 수 있었습니다.

　내가 처음 찾아갔다가 겁을 먹고 포기했던 19평형 아파트 이야기를 해 보려고 합니다. 강남에 있는 아파트였습니다. 지방에서 학창 시절을 보낸 나는 강남이 어떤 곳인지 잘 알지 못했습니다. 그럼에도 내가 강남부터 찾은 이유가 있습니다. 처음 정착한 곳이 마지막으로 머무는 곳이 될 확률이 높다고 판단했기 때문입니다.

　젊은 나이에 부동산 상식도 없이 현장부터 나갔으니 무시를 받고 거절당하기만 했습니다. 그래도 몸으로 부딪친 덕분에 빨리 배운 것이 하나 있습니다. 강남 한자리에서 오랫동안 가격 변화를 관찰했던 복덕방 어른들은 "오른 곳이 더 오른다"는 단순한 인식을 공유하고 있었습니다. 그것이 강남을 드나드는 부자들의 사고방식이라는 묘한 뉘앙스마저 풍겼죠.

　부자가 되고 싶다면 부자의 생각을 베끼라는 말이 있습니다. 나는 부자들의 사고방식에 과감히 올라타기로 했습니다. 당시 부동산은 침체기를 벗지 못하고 있었습니다. 저축한 종잣돈을 대중의 관심으로부터 멀어진 우량 자산에 집중 투자했던 첫 사례인 셈입니다. 2장에서 소개한 콤비네이션 전략 그대로요.

　처음 알아본 아파트보다 핵심지에 있고 평수도 넓은 곳을 알아보기 시작했습니다. 입지를 따질 땐 복잡하게 생각하는 대신 뒤에서 소개할 '4+1 입지 요건'에 충실했죠. 맞벌이 부부니까 출퇴근 편의를 위해 역세권을 알아봤습니다. 아이를 계획하고 있었으니 10년, 20년 살면서 아이를 교육할 수 있는 학군지를 찾았습니다. 그리고 도심이지만 자연 환경이 주거지 근처에 있길 바랐습니다. 마지막으로 대단지를 골랐습니다.

투자는 원래 비합리적인 일이다

내가 개인적인 후기를 밝힌 이유는 '투자의 비합리성'를 전하고 싶었기 때문입니다. 당신은 얼마나 합리적인 사람인가요? 만약 집을 먹고, 쉬고, 자는 공간이라고 여긴다면 합리적인 생각입니다. 집을 꼭 구매해야 하는지 의문을 갖는다면 그 또한 합리적이죠. 그러나 집은 거주 공간임에도 투기적 자산으로 취급받아 왔습니다. 30대 초반의 신혼부부가 레버리지를 일으켜 집을 한 채 이상 구매하는 등 합리적인 범주를 벗어났을 때, 이들에게는 더 안전한 결과를 초래하기도 했습니다. 집을 구매한 사람은 자산 가격 상승을 누리며 거주의 주도권을 획득한 반면, 그렇지 않은 사람은 집값이 폭등할 경우 주거비 상승으로 인해 원치 않는 곳으로 거주지를 옮겨야 하는 상황이 발생합니다. 왜 이런 비합리가 부동산 시장에서 벌어지는 걸까요?

세상이 진보해도 누군가는 계속 가난하다

《진보와 빈곤》을 저술했던 미국의 경제학자 헨리 조지는 "세상은 진보하는데 왜 상대적 빈곤은 계속되는지" 의문을 가졌습니다. 그는 토지에 주목했습니다. 인구 증가와 기술 발전이 지대를 지속적으로 상승시켜 빈부 격차를 확대한다는 것이었습니다. 그의 설명을 조금 더 깊숙이 들여다보겠습니다.

아무도 살지 않는 불모지에 누군가 집을 짓고 경작을 시작했다고 가정해 보겠습니다. 당신이 이 근처를 지나게 됐다면 그 옆에 집을 짓겠습니까, 아니면 멀리 떨어진 땅에 정착하겠습니까? 누군가의 가까이에 집을 지어야 분업과 협업이 가능하며 삶의 효율성이 오르겠죠. 그럼 사람들이 더 모이기 시작할 것입니다.

점점 마을의 모습을 갖추고 상점, 학교, 도로 등 필요한 인프라가 생겨납니다. 분업의 이익은 극대화되고 잉여 이익을 기반으로 다양한 기술이 발전합니다. 마을은 도시의 형태로 진화합니다. 말이 다니던 도로에 마차가 다니기 시작하고 증기 기관차로 발전이 이어집니다. 도시의 핵심지를 소유했던 첫 정착자와 그 옆에 정착했던 당신의 자손은 자연스레 엄청난 부를 누리게 될 것입니다. 도시가 밀집되고 발달할수록 땅값은 지속적으로 상승해 왔을 테니까요.

사회의 부가 가치가 땅 주인에게 귀속되는 현상이 반복적으로 나타납니다. 인구가 늘고 기술이 발전함에 따라 사용할 수 있는 자원은 희소해집니다. 땅은 늘어날 수 없기 때문에 지대는 희소해지고 사회가 진보하며 그 가치가 더욱 부각되니 부자는 더 큰 부자가 됩니다.

월급만으로 부자 되는 집중 투자법

결국 그의 논리에 의하면 사회가 진보할수록 땅값은 상승한다는 명제가 성립합니다. 어떤 명제가 참이라면 그 명제의 대우도 성립됩니다. 이를 대우로 바꿔 볼까요? 놀랍게도 '땅값이 상승하지 않으면 사회는 진보할 수 없다'는 명제가 도출됩니다. 사실 사유 재산 제도라는 것이 그렇습니다. 땅 주인이 땅의 가치를 끊임없이 발전시키지 않으면 사회가 발전하기 어렵죠. 이는 공산주의 국가를 보면 잘 알 수 있습니다. 국가가 지대를 통제하는 순간 개발 유인은 사라지게 됩니다. 이익이 제한되니까요. 자연스레 사회적 진보는 둔화됩니다. 무서운 이야기지만 우리는 땅값의 상승을 자연스런 현상으로 받아들이거나 사회의 진보를 포기해야 하거나 둘 중 하나를 선택해야 할지도 모릅니다.

자본가와 임금 노동자의 격차는 커질 수밖에 없다

프랑스의 현대 경제학자 토마 피케티의 주장도 비슷했습니다. "현대적 성장의 특징이 부의 불평등을 줄이고 조화로운 안정을 달성할 것이라는 생각은 착각"이라고 단호히 말했죠. 그는 200여 년에 걸친 데이터베이스를 활용했습니다. 돈이 돈을 버는 속도가 노동으로 버는 소득에 비해 압도적으로 빠름을 동학적으로 보여 주었습니다. 이는 "경제가 어느 정도 성장한 후에는 자연스럽게 소득 분배가 상향 평준화된다"라는 사이먼 쿠즈네츠의 주장을 정면으로 반박한 결과이기도 합니다.

피케티는 《21세기 자본》에서 불평등이 초래되는 이유를 'r 〉 g'라는 간단한 부등식으로 설명합니다. 여기서 r은 자본을 통해 얻는 이자, 임대료 등을 의미하고 g는 경제 성장률입니다. 즉, 자본 이익이 경제 성장의 근간인 노동, 생산의 이익보다 크다는 것인데 이는 불평등의 원인이 됩니다. 자본 수익률이 경제 성장률보다 높은 상황에서는 경제가 성장할수록 과거에 자산을 축적했던 사람에게 부가 집중되기 때문입니다. 결국 자본가와 임금 노동자의 격차는 갈수록 확대될 수밖에 없습니다.

한국 사회의 현실도 피케티의 분석을 크게 벗어나지 않습니다. 국민 상위 10%의 소득이 전체에서 차지하는 비율은 1997년 외환 위기 이후 급속도로 상승했습니다. 그 속도가 미국 다음으로 높다는 연구 결과도 있을 정도입니다. 한국을 방한했던 피케티 교수는 "한국은 이미 놀라운 경제 성장을 했고 경제 성장률은 낮아질 수밖에 없으며 앞으로 자본 수익률이 수익을 결정하는 더 중요한 요소가 될 것"이라고 진단하기도 했습니다.

불평등한 사회에서 우리는 어떤 투자를 해야 할까?

대안이 없는 것은 아닙니다. 피케티는 불평등이 합리적인 수준을 넘어설 때 정부가 개입해야 한다고 주장합니다. 하지만 경제학적으로 정부의 개입은 시장을 왜곡하여 불편한 결과를 초래하기도 합니다.

예를 들어 최근 정부가 부동산 공시 가격을 크게 높임으로써 실거래가와 공시 가격의 격차를 좁혔습니다. 공시 가격은 세금을 산정하는 기준이 됩니다. 자산가에게 부과하는 세금을 현실화했으니 조세형평이란 측면에서 긍정적입니다. 하지만 공시 지가는 땅의 가격입니다. 모든 부동산 건설의 원가이기도 하죠. 직관적으로 어떤 결과가 예측되나요? 생산 비용이 증가했으니 부동산 가격은 장기적으로 상승할 수밖에 없습니다. 땅의 가격이 높아졌을 때 부담은 그 땅을 소유한 사람보다 사용해야 하는 사람에게 전가될 확률이 높고요. 어쩐지 부동산의 하방 지지선이 단단해진 느낌입니다.

불평등한 구조는 역사적으로 누적되어 왔습니다. 단번에 해결되기 어렵겠죠. 막연히 정부의 정책만 기다리고 있어서는 개인이 처한 상황과 문제가 극복되지 않을 것입니다. 피케티가 통계로 증명했듯 부자는 월급이 아닌 부동산이나 주식과 같은 자산을 소유합니다. 사실 여기까지 이야기하면 많은 사람이 반문합니다. "다 아는 이야기예요. 부동산부터 매수하라는 말 아닙니까. 그런데 종잣돈이 없는 걸 어떻게 해요?"라고 말이죠.

허탈한 대답이겠지만 처음에는 아끼고 모으는 수밖에 없습니다. 출발이 늦었다며 끊임없이 타인과 비교하고 주어진 상황을 비관하기엔 시간이 없습니다. 정부 정책에 기대기에는 정책이 목표하는 긍정적인 결과가 언제 나타날지 예측하기 어렵죠. 차라리 내 집 마련의 필요성부터 명확히 이해하면 목표 의식이 생깁니다. 행동에 나서는 시기를 크게 앞당길 수 있죠. 실제로 내 집 마련은 자본가로 가는 첫걸음이자 가장 안전한 방법입니다.

부동산에는 수많은 상품과 투자 전략이 있습니다. 하지만 사이클 앞에 전략은 무용하며 첫 집은 다른 상품보다 아파트가 유리하다는 것을 앞으로 설명하려고 합니다. 이어서 어떤 기준으로 아파트를 평가하면 좋을지 '4+1 입지 요건'을 직관적으로 정리했습니다. 당연히 입지적으로 완벽한 곳은 평범한 맞벌이 신혼부부가 접근하기 어렵습니다. 개인의 생애 주기를 고려해서 5가지 요건 중 2개 혹은 3개 정도 만족하는 입지를 우선 찾아야겠죠.

2021년 말, 부동산 시장의 사이클은 확실히 후반전에 들어온 듯 보입니다. 오랜 기간 상승을 거듭해 왔죠. 곳곳에서 2030 세대의 패닉 바잉 현상(panic buying: 가격 인상이나 공급 부족에 따른 두려움을 느끼고 무리하게 물건을 사는 일)도 나타나고 있습니다. 시장 참여자들도 후반전이라는 인식을 공유하고 있습니다. 다만 인저리 타임(injury time: 정규 시간 이후 추가 시간)이 얼마나 길어질지, 연장전이 펼쳐질지 모를 뿐입니다. 각자의 여건에 따라 판단해야겠죠. 첫 내 집 마련은 그럼에도 적극적이어야 하고 그 이상의 투자라면 위험을 관리할 수 있는 수준에서 이루어져야 하지 않을까요? 급상승한 집값과 높은 세금 부담으로 인해 다들 똑똑한

월급만으로 부자 되는 집중 투자법

한 채로 옮겨 가고 있으니 부채가 많은 투자자라면 보유한 부동산 숫자를 줄일 수도 있고요. 반대로 남들이 똘똘한 한 채로 옮기며 보유한 부동산 숫자를 줄여 가고 있으니 부채는 없고 보유 현금이 넉넉한 1주택 투자자라면 오히려 역으로 주택 수를 늘려 볼 수도 있겠죠.

투자란 개인이 처한 상황과 가용 자원에 따라 달라질 수밖에 없습니다. 영차, 지금부터 본격적으로 간단한 듯 간단치 않은 부동산 투자를 이야기해 보겠습니다.

인플레이션 시대에 집이 없다면 집값 하락에 베팅한 것과 같다

    사람들은 보통 외출하면서 옷을 입을지 말지, 하루 세 끼를 먹을지 말지를 고민하지 않습니다. 어떤 브랜드의 옷을 입고 어떤 종류의 음식을 먹을지 고민하죠. 의식주는 인간 생활의 3가지 기본 요소입니다. 집은 의식주 중 하나죠. 집에는 주거의 효용이 있습니다. 따라서 집을 보유할지 말지를 고민한다는 것은 어쩐지 어색합니다. 주거의 입지나 형태를 비교하는 일은 당연히 필요하지만 대체로 사람들은 집을 소유할지 말지 결정하는 데 너무 많은 시간을 할애합니다.

    누구나 경제 위기를 기다렸다 집을 사고 싶을 것입니다. 가격이 하락할 때 산다는 말은 언뜻 굉장히 합리적으로 들립니다. 그러나 이건 마치 처음 경기에 출전한 선수가 홈런부터 치겠다는 욕심에 가깝습니다. 어깨에 힘이 들어가면 헛스윙을 할 수밖에요. 훈련된 투자자도 하락장이 왔을 때 쉽게 매수를 실행에 옮기지 못합니다. 한복판 스트라이크가 들어와도 초보자가 한 방에 홈런을 날리긴 어렵겠죠.

물론 현재의 집값이 정상적으로 느껴지진 않습니다. 그렇다고 '언젠간 집값이 떨어질 거야'라거나 '지금 가격에 내 집 마련은 비상식적이야'라고만 생각하면 집이 자산으로써 갖는 의미를 크게 오해한 셈입니다. 자기 소유의 집이 없다는 의미는 비단 자기만의 공간이 없다는 뜻만이 아닙니다. 자본주의 사회에서 자본을 포기한 대가는 결국 자본가에게 의존하는 결과를 초래할 수밖에 없습니다.

1주택은 중립 포지션, 무주택은 숏 포지션

우선 집을 투자의 관점에서 살펴보겠습니다. '롱', '숏'이라는 단어를 들어 봤나요? 자산 시장에서 자산 가격이 상승하는 데 베팅하면 롱, 하락하는 데 베팅하면 숏 포지션을 취했다고 말합니다. 흔히 무주택 상태를 롱도 숏도 아닌 중립 포지션이라고 생각하기 쉬우나 꼭 그렇지는 않습니다. 오히려 무주택은 그 자체로 숏 포지션, 즉 하락에 베팅했다고 볼 수 있습니다. 1주택이 중립 포지션에 가깝습니다. 장기적으로 돈의 가치는 하락하고 물가는 상승해 왔습니다. 1주택은 인플레이션 헤지(inflation hedge) 수단으로써 화폐 가치 하락을 대비하는 가장 훌륭한 대안입니다. 항상 강조했지만 우리는 자산 가격의 하락 못지않게 돈의 가치 하락에도 대비해야 합니다.

주식 시장에는 전문가 집단인 기관 투자자가 존재합니다. 그들이 어떤 방법으로 중립 포지션을 취하는지 알면 왜 주택을 구매해야 하는지 이해가 쉬워집니다. 그들은 중립 포지션이라고 해서 주식을 전부 팔고 현금화하지 않습니다. 대신 운용하는 자금을 지수에 벤치마크 시킵니다. 지수가 오르는 비율만큼만 수익을 내고, 내려도 내린 만큼만 손실을 보도록 말입니다. 1주택을 보유한 상태와 비슷합니다. 부동산 시장이 오르는 만큼, 혹은 떨어지는 만큼 내가 보유한 부동산 자산의 가격이 함께 변화하게 되죠.

무주택은 숏, 즉 주식 시장에서 인버스(가격이 하락할 때 수익이 나도록 설계된 상품)에 베팅한 상황과 비슷합니다. 일반적으로 주가가 신고가를 기록할 땐 함부로 하락에 베팅하지 않습니다. 고점의 끝은 아무도 예측할 수 없으니까요. 결국 집값 상승기에 인버스에 물린 상황을 피하려면 집을 보유하고 있어야겠죠. 집값이 계속 상승하는데 무주택이라면 자산 대신 화폐를 보유한 상황이므로 화폐 가치 하락이라는 위험에 직면한 셈입니다. 또는 상승 사이클이 끝나고 하락기에 집을 사겠다고 한다면 고점의 끝을 예상하겠다는 뜻인데 예측의 어려움은 그렇다 쳐도 위험 포지션에 스스로를 노출시키는 셈이죠.

실제로 숏을 길게 끌고 가는 전략은 위험하다고들 합니다. 자산 시장은 대체로 우상향해 왔기 때문입니다. 어떤 자산 가격이라도 상승할 수 있는 폭에는 제한이 없습니다. 반대로 하락의 폭은 0으로 제한되어 있습니다. 숏은 제아무리 크게 수익을 취해도 결국 2배지만 롱은 무한대에 가깝습니다. 그래서 물려도 롱에 물리라는 말이 나옵니다. 청약을 계획하는 심정을 이해하지만 당첨 가능성이 낮고 경쟁률이 치솟는 상승장에서 그것을 기다려야 하는 평균적 기회비용을 고려했을 때 청약 또한 안전한 전략이 아닐 수 있습니다.

여태 투자 관점에서 설명했으나 집에는 '주거'라는 중요한 사용 가치가 존재합니다. 혹시나 가격이 하락하더라도 내가 거주하면 그만입니다. 어떤 투자든 하락장에서 효용이 생기는 자산은 1주택뿐입니다. 이것이 경제 활동을 시작하면 내 집 마련부터 시작하라고 제안하는 이유입니다. 사람마다 감당해야 하는 위험도는 다르겠지만 투자 가치에 더해 주거의 가치까지 고려한다면 감당할 수 있는 범위 안에서 레버리지도 일으켜 볼 만합니다.

영끌, 과연 해도 될까?

레버리지 말이 나왔으니 말입니다만, 영끌에 부정적일 필요는 없습니다. 영끌의 범위는 사실 개인이 정할 수 있는 영역이 아닙니다. 은행이 연봉, 자산 등을 기초로 결정하니까요. 이왕 1주택이라는 중립 포지션을 취하기로 했다면 가능한 만큼 은행의 도움을 받아서 처음부터 최대한 상위 입지로 가야 합니다. 차근차근 모아 상급지로 갈아타겠다는 전략도 통할 수는 있으나 쉬운 전략이 아닙니다. 부동산은 사이클에 따라 가격이 함께 움직일 뿐만 아니라 가격이 오를 땐 언제나 상급지가 먼저 더 크게 오르기 때문입니다.

예를 들어 경기도에 2주택을 매수했다가 나중에 서울 1주택으로 갈아타는 방법은 경우에 따라 훌륭한 전략일 수 있습니다. 하지만 2주택이 되는 순간 포지션은 중립에서 롱으로 바뀌게 됩니다. 상승에 베팅한 셈입니다. 하락 위험에 노출될 수밖에 없습니다. 2주택을 매수한 그 시점부터 서울 집값의 상승은 멈추고 경기도 집값이 크게 상승해야 계획이 성공할 수 있는데 반대로 서울 집값만 오르고 경기도 집값은 상승하지 못할 수 있습니다. 게다가 둘 다 비슷한 비율로 오르거나 비슷한 비율로 하락할 경우는 거래 비용까지 감안해야 하니 원하는 목표를 달성하기 어려워집니다.

거래를 자주 할수록 계좌 수익률을 지키기 어려워지는 것은 자산 시장에서 일반적 진실입니다. 이런 관점에서라도 애초에 첫 포지션을 제대로 잡고 오래 보유하는 선택이 중요합니다. 이는 앞서 설명했던 저축과 집중 투자의 콤비네이션 전략과 연결됩니다.

사실 1년 혹은 2년 단위로 집중 투자를 결정하는 콤비네이션에는 얼마간 장기 투자의 개념이 포함되어 있습니다. 첫 집중 투자 자산은 자연스레 오래 보유하게 되기 때문입니다. 길게 소유할 수만 있다면 첫 선택으로 내 집 마련이 가장 탁월한 선택이며 이는 자연스레 그다음 집중 투자로 이어지는 가교 역할을 합니다. 혹시 다음 투자에서 손실이 발생하더라도 내 집은 남는다는 최소한의 심리적 지지선이 구축되기 때문입니다.

부동산 가격은
사이클 안에서
움직인다

"사람들은 정작 두려워해야 할 때 희망을 갖고 희망이 보일 때는 두려워한다."

전설적인 투자자 제시 리버모어의 말입니다. 이러한 사람들의 엇박자 반응은 사이클에 대한 믿음이 부족해서 나타나는 현상입니다. 모든 자산 가격에는 사이클이 있다는 사실을 반신반의하는 것이죠. 하락할 땐 끝없이 하락, 반대로 상승기엔 상승만 존재할 것 같지만 영원한 하락도 상승도 존재하진 않습니다. 자산 가격은 기본적으로 상승과 하락을 반복합니다. 중간중간 횡보가 있을 뿐입니다. 사실 우량 자산 투자는 사이클을 받아들이고 엇박자만 피해도 크게 실패하기 어렵습니다.

호황일 때 경제 위기가 발생하는 이유

사이클에 대해 좀 더 알아보겠습니다. 사이클은 인간의 심리로 말미암아 생겨납니다. 경제 위기는 호황기에 발생하죠. 호황이 예측되는 국면에서는 경계심이 약화되고, 뉴스는 긍정적 소식으로 도배되며, 투자자들은 리스크 관리에 소홀해지기 때문입니다. 부실 자산이 늘어나고 취약한 고리에서 촉발된 위험은 도미노처럼 폭락을 불러일으킵니다. 이전 상승이 가파를수록 폭락과 패닉도 깊게 나타납니다.

물론 사이클을 완벽히 예측할 수는 없습니다. 버블도 버블의 한가운데에서는 잘 인식되지 않으니까요. 지나고 나서야 버블이었다고 판명됩니다. 다만 현재 시점이 사이클의 어느 지점일지 지속적으로 관찰해야 자산 가격에 유의미한 변동이 나타났을 때 적절히 대응할 수 있습니다. 또한 심리적으로 흔들리지 않을 수 있죠.

사이클을 이해하지 못하면 급락이나 급등, 혹은 과열이나 침체로 인해 변동성이 심화될 때 혼란스럽기만 합니다. 판단 기준이 부재하기 때문입니다. 기준을 갖지 못한 사람들은 결국 분위기에 휩쓸려 최악의 결정을 하곤 합니다. 과열의 꼭지에서 매수하고 바닥에서 공포에 휩싸여 매도하게 되죠. 반대로 해야 자산 시장에서 부를 축적할 수 있는데 말입니다.

부동산도 소외되고 횡보하는 시기엔 수요가 안정적으로 유지됩니다. 집을 급하게 살 이유도, 급하게 팔 이유도 없기 때문입니다. 그런데 어떤 이유에서건 트리거가 생겨 집값이 오르기 시작하면 없던 수요가 갑자기 생겨납니다. 느긋하던 사람이 초조해지고, 팔려던 사람은 더 오를 것이라 예상해 매물을 거두어들입니다. 이런 현상이 가속화되면서 시장의 매물이 잠기고 초과 수요가 발생합니다.

대중의 심리가 추세를 형성하고, 한번 형성된 추세는 관성의 힘을 갖습니다. 계속 그 방향으로만 힘이 증폭되는 것입니다. 그러니까 평소에는 100명의 수요가 존재하던 부동산 시장에 애초에 관심이 없던 사람은 물론 투기꾼까지 몰리면서 불과 1년 사이라도 200명이 구매 의사를 표현하게 됩니다. 공급은 그대로인데 갑자기 수요가 2배가 되면 시장에는 집이 굉장히 부족하게 느껴집니다. 공급이 부족하다는 뉴스 기사도 이때부터 등장하며 매수자의 초조한 심리를 더욱 부추깁니다.

1860년부터 1940년까지의 미국 부동산의 가격 변동을 연구했던 경제학자 라스 피터 한센은 17년 주기로 가격이 등락한다는 '한센 주기설'을 내놓았습니다. 그의 통계만 봐도 1973년 고점, 1990년 고점,

2007년 고점으로 주기설이 150년 이상 이어졌음을 알 수 있습니다. 17년마다 고점을 찍은 부동산은 약 4~5년간 하락세가 지속됐죠.

한센 주기설을 서울 아파트 가격에 대입해 볼 수 있습니다. 서울 부동산은 2008~2009년 무렵에 고점을 찍었습니다. 2010년부터 시작된 하락은 2014년까지 이어졌죠. 이후 2015~2016년부터 다시 상승을 시작했고 2021년인 현재까지 이어지고 있습니다. 17년 주기설에 비추어 볼 때 2025년이 대략 고점이라는 계산이 나옵니다. '2025년에 하락장이 올 테니 대비합시다'라고 말하고 싶은 것은 아닙니다. 사이클은 다양한 형태로 나타날 수 있으며 여러 경우의 수를 두고 시나리오를 가정해 보는 것이 중요하니까요.

대한민국의
부동산 사이클
알기

우리나라에는 전세라는 독특한 제도가 있습니다. 덕분에 부동산 사이클이 전세가를 기준으로 변화하는 특징이 있죠. 전세는 실수요를 반영합니다. 누구나 거주하는 집은 한곳이니까요. 국내 부동산은 매매가가 주춤하면 전세가는 오르고, 전세가가 오르면 매매가가 올라가는 식으로 사이클을 형성해 왔습니다. 부동산 시장이 불황일 때 사람들은 집을 사지 않습니다. 집값 하락을 예상하며 그 대안으로 전세를 선택합니다. 전세 수요가 증가하니 전세가는 차츰 상승하죠. 전세가와 매매가의 차이는 좁혀지고 한동안 그런 상태가 유지됩니다.

전세가와 매매가의 차이가 거의 없는 횡보기가 지속될 경우 사람들은 집을 사면 어떨까 고민합니다. 수요 심리가 서서히 회복되는 시점입니다. 미분양 물건이 소진되고 신축 아파트 가격부터 상승에 발동이 걸립니다. 근처 구축 아파트 역시 키를 맞추는 차원에서 가격이 상승하고 부동산 시장에 온기가 돕니다.

상승은 언제나 중심지부터 시작됩니다. 서울 중심지에서 주변부로, 수도권으로, 지방으로 그 온기가 퍼져 갑니다. 이때부터 다시 과열 분위기가 감지되고 정부는 규제 정책을 쏟아 냅니다. 규제는 부작용을 낳기도 합니다. 정책 자체가 잘못됐다고 보긴 어렵습니다. 하지만 이미 상승 국면에 들어선 상황에서는 오히려 시장에 매물을 감소시켜 상승을 부추길 뿐입니다.

끝없이 상승할 것 같던 집값도 시간이 흘러 횡보하기 시작하고 다시 꺾이게 됩니다. 그 사이 공급이 증가하고 어느 시기부터는 청약 경쟁률마저 감소합니다. 미분양이 생기며 매매가는 다시 하락 국면에 들어서는 사이클이 일반적입니다. 물론 시장에 풀린 유동성과 경기 상황, 대중의 심리에 따라 사이클의 기간 및 진폭은 달라질 수 있으나 전세가의 변화를 통해 사이클을 짐작할 수 있습니다.

부동산 사이클을 알면 감정적 판단을 줄일 수 있다

부동산은 주식에 비해 사이클이 정직합니다. 시중의 수많은 책에서 아파트는 물론 빌라, 경매, 토지, 상업용 부동산까지 다양한 투자 방법을 제시합니다. 그러나 부동산 하락기에 혼자만 오르는 부동산은 잘 없습니다. 상승기에는 다 같이 상승합니다. 지역적 차이, 상품의 특성에 따라 오르는 시기와 폭에 차이만 있을 뿐이죠. 주식은 지수가 오른다고 내가 보유한 종목이 반드시 오르지 않습니다. 오히려 하락하기도 하죠. 하지만 부동산은 다릅니다. 이는 무엇을 의미할까요? 어차피 사이클을 따른다면 복잡하게 이것저것 따질 필요가 없다는 뜻이기도 합니다.

첫 집을 구매하는 사회 초년생은 안전하면서 오르는 폭이 상대적으로 큰 아파트를 구매하면 됩니다. 그것이 운 좋게도 사이클의 하락기가 끝나고 상승을 준비하는 횡보의 시기라면 환상적이겠고요.

가끔 친구들과 만나 재테크 이야기를 나누며 놀라는 점은 그들이 전문가처럼 너무 많은 변수를 고려한다는 것입니다. 상승을 예상하는 친구는 앞으로 저금리 기조가 유지되고 공급은 부족하다며 현재 시장에는 수요 대비 몇 만 채가 부족한 상황이라고 구체적인 숫자까지 이야기합니다. 반대로 하락을 점치는 친구들은 연준(FED: 연방 준비 제도)의 테이퍼링(자산 매입 축소) 발표를 이야기하거나 높은 가계 대출을 이유로 들기도 합니다. 다들 합당한 근거로 무장하고 있습니다. 그러나 이 모든 의견은 부동산 가격이 사이클 안에서 움직인다는 큰 전제 앞에 무력합니다. 토지 등 특별한 수요가 발생하는 예외 경우만 제외하고요.

월급만으로 부자 되는 집중 투자법

하나의 거시 경제 변수만으로 그것이 부동산 가격에 어떤 영향을 미치는지 알긴 어렵습니다. 오히려 자기 논리를 견고히 갖는 순간 현상이나 뉴스를 보고 정해 둔 방향에 끼워 맞추는 실수를 저지르게 되죠. 적절한 매수, 매도 타이밍을 놓치는 원인이 됩니다.

사이클은 과거의 일이 시장에서 반복되고 있는지, 반복된다면 사이클상 나의 포지션은 어떤 위치인지를 끊임없이 생각하게 합니다. 진입하는 시점이 상승 국면의 초입인지, 또는 하락 국면의 막바지인지, 과열이라 위험한 상황은 아닌지, 나의 행동이 심리적인 욕심이나 공포로 인한 행위인지 살펴보며 공격과 수비를 결정하도록 도와줍니다.

투자하면서 항상 냉정하고 차분하기는 어렵습니다. 희망과 공포 사이 그 어디쯤에서 줄다리기를 하게 됩니다. 나는 이성보다는 감정에 쉽게 휘둘립니다. 당신도 나와 같다면 우리가 감정적 판단을 경계하는 유일한 방법은 시장의 사이클부터 이해하고 긍정적 사건과 부정적 사건을 비슷한 비중으로 받아들이는 연습을 하는 것인지도 모르겠습니다.

부동산의 기본,
갭 투자와 레버리지를
활용한다

어떤 특성을 지녀야 자산으로써 훌륭한 상품이라고 부를 만할까요? 한번 구매하고 팔지 않아도 되는 상품 아닐까요? 집이 그렇습니다. 마찬가지로 빌리고 꽤 오래 갚지 않아도 되는 대출은 착한 대출입니다. 직장인 신용 대출은 회사를 관두지 않는 한 상환 압박에 시달리지 않습니다. 나는 취업하고 2년마다 적어도 본인의 연봉만큼 저축할 수 있어야 재테크의 초반 기세를 잡을 수 있다고 말해 왔습니다. 그런 상황에서 자기 연봉만큼 대출을 일으킬 수 있다면 2년이라는 시간을 버는 효과를 냅니다.

투자에서 레버리지 효과(leverage effect)란 타인 또는 금융 기관으로부터 차입한 자본을 활용해 수익률을 극대화하는 것입니다. 지렛대 효과라고도 하죠. 고대 이집트인들이 지렛대를 활용해 피라미드를 쌓아 올렸듯이 차입한 자본은 나의 자본과 합쳐져 레버리지 효과를 일으킵니다. 높은 수익을 만드는 원동력이 되죠.

갭 투자는 투기일까?

아파트는 매매가와 전세가라는 이중 가격을 갖습니다. 매매가와 전세가의 차이를 이용하는 집 구매 방법을 가리켜 '갭 투자'라고 합니다. 이를 악용해서 집을 수집하듯이 매수하는 사람들로 인해 '갭 투자는 투기'라는 인식이 생겼습니다. 하지만 첫 집을 구매하는 사회 초년생에게 미래 실거주를 위한 갭 투자는 지극히 현실적인 선택입니다. 초기 자본이 부족한 상황에서 집을 매수할 수 있는 유일한 방법이기 때문입니다. 돈을 모아 10년 뒤에 집을 사겠다는 계획보다는 먼저 집부터 사 두고 10년 동안 돈을 모아 가겠다는 전략이 지금까지 더 우월했습니다. 자산 가격은 지속적으로 상승해 왔으니까요.

갭 투자와 레버리지를 적절히 조합할 경우, 개인의 수준에 어울리는 첫 집 마련이 가능합니다. 부동산은 다른 자산에 비해 레버리지 효과가 크게 발생합니다. 온전히 내 자본이 있어야 하는 다른 투자와는 다릅니다. 1억 원인 아파트가 100% 오르면 2억 원입니다. 반면 5억 원

아파트(전세가 4억 원)는 20%만 상승해도 6억 원입니다. 두 아파트 모두 상승한 금액은 1억 원으로 동일합니다. 그렇지만 같은 1억 원이라도 어느 쪽이 더 빠르게 현실화될까요? 당연히 후자입니다.

1억 원을 가진 사람은 1억 원인 아파트밖에 구매할 수 없고, 5억 원짜리 아파트는 5억 원을 가진 사람만 구매할 수 있다면 부동산은 자산으로써 대중성을 획득하기 어려웠을 것입니다. 내 돈 1억 원만 있으면 5억 원짜리 아파트를 구매할 수 있고, 운 좋게 집값마저 오른다면 작은 상승으로 큰 효과를 누리게 됩니다.

여기서 투자금 1억 원이 크게 느껴질 수도 있겠으나 맞벌이 부부가 열심히 절약하고 저축한다면 불가능한 목표는 아닙니다. 결혼하지 않은 사회 초년생도 취업하자마자 재테크에 관심을 게을리하지만 않는다면, 차부터 사거나 고급 취미에 돈 쓰는 대신 저축을 악착같이 할 수 있다면 집중 투자에 필요한 첫 시드는 빠르게 모을 수 있습니다. 필요에 따라 연봉에 따른 대출까지 일으킬 수 있다면 그 시기를 좀 더 앞당길 수도 있죠.

레버리지라고 해서 무리하게 투자하라는 의미로 오해하지 않았으면 좋겠습니다. 부동산은 발품 팔고 시간을 투자해야 물건을 보는 눈이 길러집니다. 하지만 직장에 취업하자마자 부동산으로 부를 일으켜 보겠다며 전국 방방곡곡을 돌아다닐 수는 없죠. 적은 시드를 들고 연고도 없는 지역에 찾아가 구닥다리 빌라를 매수할 바에야 처음부터 제대로 된 아파트를 소유하는 편이 장기적으로 일과 삶의 균형을 맞추는 방법일지 모릅니다. 그러므로 내가 평생 살고 싶거나 살 수밖에 없는 곳을 알아보면 됩니다. 그곳을 기준점 삼아 교통이 닿는 지역부터 하나하나 찾아 가다가 가용 범위 안에서 가장 좋은 아파트를 선택하는 것입니다. 이럴 때 레버리지가 필요할 수 있습니다.

대출 이야기가 나와서 말입니다만 주식은 부동산과 다릅니다. 주식에서 레버리지는 위험 요소가 다분합니다. 주식은 수익이 났을 때 그것이 50%도 가능하고 100%도 가능합니다. 또는 200% 이상도 상상하게 됩니다. 마음속에 탐욕이 생기기 쉽습니다. 수익을 한번 맛본 사람은 레버리지를 일으키는 상상을 하다가 결국 대출의 유혹을 참을 수 없게 되죠. 문제는 빚을 낸 돈은 인간을 겁먹게 만들기 때문에 평정심을 유지하기 어렵다는 점입니다. 레버리지 일으켰다가 크게 손실을 본 사람은 빚을 메우기 위해 더 위험한 투자에 손을 대고 한순간에 모든 자산을 잃을 수 있습니다.

대출 전에는 최악의 시나리오부터 쓰기

갭 투자라고 위험하지 않은 것은 아닙니다. 부동산 하락기에는 취약성이 수면 위로 드러납니다. 집값 하락은 전세가 하락을 동반하기 때문입니다. 2년마다 돌아오는 계약 만기일에 처음 계약했던 전세금을 세입자에게 되돌려 줄 수 없다면 집을 내놓아야 합니다. 그런 일은 대체로 잘 일어나지 않지만 대비는 해야 합니다.

예를 들어 매매가 5억 원, 전세가 4억 원인 집이 있다고 가정해 보겠습니다. 집을 매수하는 데 약 1억 원의 자기 자본금이 소요됩니다. 우선 이 집을 구매했을 때 내가 처할 수 있는 위험을 따져 봐야겠죠. 최악의 경우를 생각해 봅시다. 2년마다 전세가가 5,000만 원씩 떨어진다고 해 보겠습니다. 2년이라는 시간 동안 월급을 저축해 5,000만 원 가까이 모을 수 있다면 위험을 통제할 수 있습니다. 그게 아니라면 헐값에 매물을 내놓을 수밖에 없죠.

사실 현실적으로 전세가가 심하게 급락하는 경우는 잘 없습니다. 그럼에도 레버리지를 일으킬 땐 본인이 어디까지 감당할 수 있는지 최악의 시나리오를 써 보고 대비책까지 마련하는 준비가 기본입니다.

대출금은 예금 통장에 존재하는 나의 돈이 아닙니다. 부동산을 사두면 언젠간 오른다며 대출을 부추기는 말은 무책임합니다. 하락은 예상치 못한 상황에서 마주하게 됩니다. 하락의 한가운데에서는 심적으로도 경제적으로도 타격이 불가피합니다. 그리고 대출을 낀 불안한 돈은 하락장에 대단히 취약합니다. 불가피하게 하락을 경험하더라도 관리 가능한 수준에서 대출을 경험해야 시장에서 퇴출되지 않으며 다음 기회에 실패를 밑거름 삼아 일어설 수 있습니다.

다시 한번 강조하지만 부동산 가격은 언제든 하락할 수 있습니다.

상승 폭이 크고 그 기간이 길었다면 하락 폭도 크고 길어집니다. 레버리지를 일으킨 만큼 손실도 커지겠죠. 따라서 사회 초년생에게 대출은 첫 내 집 마련 정도까지가 적당합니다. 한 번 수익을 거두고 자신감이 붙었다고 가격이 오른 아파트를 담보로 다시 대출을 일으켜 아파트를 구매하는 식의 투자는 전문 투자자가 아닌 이상 위험합니다. 굳이 소중한 자기 삶을 한 번에 무너질지 모를 불안한 탑 위로 밀어 올릴 필요가 있을까요.

투자처는
반드시
사람이 모이는 곳으로

　당신은 5,000원짜리 비닐우산을 몇 개쯤 갖고 있나요? 내게는 7개가 있습니다. 집을 나설 땐 비가 오지 않다가 목적지에 도착할 때쯤 비가 내리는 날이 있습니다. 지하철 출구를 빠져나오자마자 쏟아지는 비를 마주하면 마땅히 방법이 없죠. 출구 앞 편의점으로 달려가 울며 겨자 먹기로 비닐우산을 구매할 수밖에요. 디자인이 멋질 필요는 없습니다. 당장 비만 가릴 수 있으면 그만입니다. 우산 판매량은 우산의 내구성과 디자인보다는 비가 내리는 횟수에 더 큰 영향을 받을 것입니다. 기업의 매출도 이와 비슷합니다. 산업 자체가 호황인지 아닌지의 여부와 상관관계가 높을 수밖에요.

주식 시장에서 PER, PBR 등은 기업을 분석하는 기초 지표입니다. 이는 개별 기업이 저평가 상태인지 고평가 상태인지를 알려 주는 보조 지표이며 누구나 확인할 수 있습니다. 물론 PER과 PBR만 안다고 기업의 적정 가치를 정확히 측정할 수는 없습니다. 오히려 어떤 기업의 PER이 낮게 측정되는 상황이라면 그렇게 평가받을 만한 내가 모르는 이유가 있을지도 모릅니다.

강남 아파트와 지방 아파트의 가격 차이가 2배라고 해서 강남 아파트에 2배 비싼 마감재나 시멘트를 사용하지는 않습니다. 가치를 수치적인 기준에서만 측정할 경우 상대적으로 저평가된 상품은 지방 아파트겠죠. 그렇다고 지방 아파트를 사야 하다는 논리를 펼칠 수는 없습니다. 아파트가 자리한 주변 환경, 즉 기업으로 환원하면 산업의 현황과 성장성이 고려되지 않았기 때문입니다.

개별 기업의 미래 가치를 PER이나 PBR로만 판단할 수 없는 이유와 비슷합니다. 주식 시장에서 투자 대상을 결정할 때 기업 자체를 분석하는 것만큼 그 기업이 속한 산업을 분석하는 일도 중요합니다. 내가 아무리 좋은 기업을 골랐더라도 해당 산업이 마침 하락 추세에 있다면 주가 상승을 기대하기 어렵습니다. 하지만 기업 가치를 다소간 잘못 판단했더라도 산업 전체가 우상향하는 중이라면 모멘텀(기대 심리)을 받고 주가는 상승할 수도 있습니다.

꼭 서울이 아니라도 사람이 모이는 곳에 기회가 있다

한편 시장에서 독점력을 가진 기업은 자기만의 방법으로 위기를 돌파합니다. 경제적 해자(economic moat)란 워런 버핏이 처음 창안한 개념입니다. 본래 '해자'란 중세 시대에 외부의 적을 방어하기 위해 성벽 둘레에 파 놓은 도랑을 의미합니다. 경제적 해자를 보유한 기업은 독점력을 이용해 위기 상황에서 수익성과 점유율을 높이며 2등 기업과 격차를 벌리기도 합니다.

자본주의 사회에서 부자가 되는 비결은 '독점적 지위'에 있습니다. 비슷한 기업 간의 출혈 경쟁은 결국 두 기업의 수익률을 갉아먹습니다. 하지만 독점력을 보유한 회사는 제품 가격을 마음대로 결정하며 경쟁 기업을 압도합니다. 기업들은 독점력을 획득하고 또 유지하기 위해 사활을 걸게 되죠. 기술 개발에 막대한 비용을 투자해 격차를 벌리고 카르텔도 서슴지 않습니다.

부동산 투자에도 독점 개념을 적용할 수 있습니다. 부동산에 독점력을 부여하는 변수가 있다면 그건 사람입니다. 얼마나 많은 사람이 쉽게 모여드는 곳인지에 따라 부동산 가치에 변별력이 생깁니다. 가격의 지속성 및 상승 폭도 차별화되죠. 집도 사람이 모이는 곳에 마련해야 합니다. 특히 우수한 인재가 모여드는 동네의 집값은 오랜 시간 우상향할 확률이 높습니다. 사람들은 돈을 벌면 자기 집을 소유하고 싶어 합니다. 소득과 자산이 늘어날수록 더 좋은 집을 찾게 되죠. 고가 주택의 수요는 끊이지 않습니다. 사람이 모이는 1등 입지는 그 자체로 경제적 해자를 형성합니다. 사람이 모이는 곳은 어떤 경제적 위기에도 타격이 덜하니 2등 입지와 격차를 벌려 갑니다.

우리나라 시가 총액 10위 내 포진한 기업들은 현재 어떤 모습인가요. 과거에는 포스코처럼 제조업 위주의 기업으로 구성되었습니다. 지금은 바이오, 반도체, 인터넷, 2차 전지, 전기차 등 첨단 산업을 영위하는 기업들로 빠르게 변화했죠. 혁신 산업의 핵심은 인재입니다. 인재가 모일수록 네트워크 효과를 발휘합니다. 교통은 물론 패션, 음식, 교육, 문화 등 모든 분야에서 도시는 발전을 거듭합니다. 이러한 현상은 미국에서도 나타납니다. 여전히 제조업을 영위하는 중부 도시는 침체되는 반면 혁신 산업을 이끄는 서부나 금융 허브인 동부는 시간이 흐를수록 사람을 끌어당기고 있습니다.

우리나라에서 메가시티로 진화하는 곳을 한군데 꼽으라면 서울입니다. 당연히 부동산 가격 역시 도시로 진화하는 곳과 그렇지 않은 곳으로 구분되어 차별화될 수밖에 없습니다. 결국 자금에 여유가 있어 서울에 첫 집을 마련할 수 있다면 최선이고, 차선책은 서울로 출퇴근 가능한 수도권이며, 그 외 대안은 역시 사람과 일자리가 집중되는 지방 거점 광역 도시가 될 것입니다.

첫 집은
아파트, 아파트,
아파트

　사회 초년생 또는 신혼부부의 첫 집은 도심의 아파트가 좋겠습니다. 값싼 부동산은 값싼 이유가 있습니다. 빌라를 저렴하게 여러 채 사서 나중에 좋은 아파트로 옮겨 타겠다는 계획은 언뜻 현실적으로 들리지만 중간에 세금과 타이밍이란 변수를 고려했을 때 쉽지만은 않습니다. 어차피 부동산 사이클의 도움 없이는 실현하기 어려운 전략이고 상승기엔 아파트가 더 크게 오르는 경향이 있습니다.

　왜 첫 집으로 아파트가 적합한지는 다른 상품의 한계를 들여다봄으로써 그 이유를 찾을 수 있을 것입니다. 물론 내 집 마련 이후의 투자는 각자의 자금 여력, 경험, 나이 등에 따라 달라지겠죠. 다시 아파트여도 되고 아니어도 됩니다. 분산 차원이라면 꼬마 빌딩이나 땅 투자로 다양하게 확장이 가능하겠습니다만 첫 투자는 애써 끌어모은 자금이 묶일 가능성도 대비해야 합니다. 그러므로 환금성이 뛰어난 아파트를 추천하는 것입니다.

왜 아파트여야 할까?

오피스텔, 목적은 월세 수익

오피스텔은 아파트와는 별개의 상품입니다. 오피스텔의 장점이라면 매매가와 전세가의 차이가 크지 않다는 점입니다. 시드가 작은 사회 초년생의 구미를 당기죠. 문제는 오피스텔의 가격이 아파트와 비슷한 폭으로 상승하지 않는다는 점입니다. 이유는 희소성 때문입니다. 같은 도심이라도 아파트는 지을 수 있는 땅이 제한적입니다. 도심에 아파트를 새로 짓기 위해서는 구역을 재개발하거나 기존의 아파트를 재건축해야 합니다. 대면적이 필요합니다. 반면 오피스텔은 필지 몇 개만 합쳐도 올릴 수 있습니다. 이 둘은 공급 여력에 차이가 있습니다. 공급이 탄력적인 상품은 수요가 변화하더라도 가격이 민감하게 변하지 않습니다. 그러므로 호황기에 동일한 초과 수요가 발생하더라도 오피스텔은 상대적으로 공급이 비탄력적인 아파트에 비해 크게 오를 수 없습니다.

오피스텔은 '수익형 부동산'입니다. 목적 자체가 월세 수익에 있습니다. 요즘은 신혼부부가 선호하는 투룸, 쓰리룸도 지어 분양하고 있지만 오피스텔은 결국 오피스텔이지 아파트가 아닙니다. 좁은 땅에 높이 지어 여러 호실을 분양한다는 의미는 땅이 가진 가치를 최대한 소진했다는 뜻이기도 합니다. 한 호실당 소유할 수 있는 대지 지분이 작죠. 우리가 부동산을 구매할 때는 눈에 보이는 철근과 시멘트 덩어리 건물만 사는 것이 아닙니다. 땅의 지분이 내 소유가 된다는 개념을 밑바탕에 둡니다. 이왕이면 좀 비싸게 주더라도 우량한 회사의 큰 지분을 소유하는 편이 낫지 않을까요?

빌라, 값싸지만 유의해야 할 자산

빌라 투자도 오피스텔과 크게 다르지 않습니다. 매매가와 전세가의 갭이 작다 보니 시드가 작은 사회 초년생에게는 매력적으로 느껴집니다. 하지만 빌라는 매수, 매도가 어려운 상품입니다. 수요가 들쭉날쭉해서 자칫 잘못 투자했다간 유동성이 묶이게 됩니다. 오피스텔과 마찬가지로 공급이 탄력적이기도 합니다. 언제든 오래된 빌라를 허물고 신축 빌라를 건축할 수 있습니다. 심지어 신축 빌라가 들어선 지역은 재개발 요건을 충족시키기 어려워집니다. 오피스텔과 마찬가지로 시세 차익 측면에서도 아파트를 뛰어넘긴 힘듭니다.

다만 재개발되는 빌라는 투자 가치가 있습니다. 그러나 처음 부동산을 구매하는 사람이 수많은 빌라 중에 재개발되는 빌라를 골라낼 수 있을까요? 전문가라면 해당 지역에 개발 계획이 있는지, 어느 단계까지 사업이 진행됐는지, 내부적으로 해결할 수 없는 문제가 있는지 다양한 정보에 접근이 가능합니다. 하지만 초보자는 재개발 지역의 내막을 세세히 파악하기 어렵습니다. 매도자와 매수자의 관계에서도 매도자가 압도적으로 정보를 보유하고 있으니 정보 비대칭성이 존재하는 시장입니다. 막상 시장에 들어서면 재개발이 불가능한 빌라도 재개발이 가능한 것처럼 속여 파는 사람이 많습니다. 조심할 부분입니다.

재개발은 여러 단계로 나누어 진행됩니다. 적어도 조합 설립 인가 단계 정도는 지나야 투자 가치가 있습니다. 조합 설립이 됐어도 입주까지 10년 이상 걸리는 지역이 수두룩한 게 현실입니다. 재개발 연한이 도래했다고 재개발이 자연스럽게 진행되는 경우도 잘 없습니다. 조합조차 설립되지 않은 재개발 구역은 내가 투자한 원금이 언제 회수될지 알 수 없습니다. 원금 회수가 불투명한 투자를 첫 투자처로 선택할 필요가 있을까요? 물론 여유 자금을 활용한다면 재개발은 투입 대비 성과가 큰 투자처가 될 수 있겠으나 사회 초년생이 쉽게 접근할 만한 투자는 아닐 것입니다.

사실 재개발은 공시 지가만 알면 근처 신축 아파트와 가격을 비교함으로써 어느 정도의 수익 실현이 가능할지 가늠해 볼 수 있습니다. 조합 설립 인가 이상 진행된 재개발 물건은 이미 가격이 미래 가치를 상당 부분 반영했을 확률이 높지요. 그래서 매매가와 전세가의 갭이 크게 벌어졌을 것입니다. 매매가에는 미래의 새 아파트 가격이 반영되어 있고 전세가는 현재 가치를 반영하기 때문입니다. 재개발이 가능한 빌라는 노후했을 테니 당연히 전세가가 낮게 형성되어 있습니다. 투자라고 부를 만한 재개발 매물은 큰 목돈과 오랜 시간이 필요합니다. 사회 초년생이 접근하기에는 무리가 있지요.

경매, 매력적이지만 잘 낙찰받기 어려운 세계

마지막으로 경매를 살펴볼까요? 대중의 인식 속에 '경매는 잘만 하면 대박'이라는 개념이 자리하고 있습니다. 하지만 경매는 들이는 노력 대비 효과가 불투명한 투자가 될 수 있습니다. 공부 자체가 어려운 것은 둘째 문제입니다. 경매로 올라온 물건 10개 중에서 투자 가치가 있는 물건은 고작 한두 개 정도입니다. 이마저도 기존 경매 시장의 전문가들이 적극적으로 입찰에 참여할 것입니다. 업계에서 닳고 닳은 전문가와 경쟁하여 적정가를 써서 낙찰되는 일부터 어려울 뿐더러 낙찰 이후도 문제입니다. 명도 과정에서 예상치 못한 법적 분쟁이 발생할 수 있습니다.

경매 투자의 수익은 권리 관계가 대단히 복잡한 물건에서 나옵니다. 입찰 경쟁이 거의 없는 어려운 물건에 자칭 고수라는 사람들이 낙찰부터 받고, 그 문제를 해결함으로써 큰 수익을 거두는 구조이지요. 첫 집을 계획 중인 일반인 투자자가 책상 앞에 앉아 경매 관련 서적 몇 권 읽고 해낼 수 있는 영역은 아닙니다. 일반 아파트는 조금 더 비싸게 사는 경우는 있더라도 경매만큼 많은 시간을 필요로 하진 않습니다. 법적 분쟁에 휘말릴 위험도 상대적으로 작죠.

입지 분석은 4+1,
손실을 최소화하는
검증된 방법

얼마 전 배우자와의 돈 관리 문제로 고민 중인 후배를 만났습니다. 부부가 각자 취업하자마자 결혼한 케이스였습니다. 배우자가 급여를 따로 관리하길 원한다고 하더군요. 공동 생활비는 반반씩 부담해서 해결하자고 했다는 것입니다. 자본주의는 규모에 대한 수익 체증 형태로 성장합니다. 생산 요소가 같은 비율로 증가하더라도 생산량의 증가율은 요소 투입의 증가율보다 높게 나타나죠. 즉 두 사람의 월급을 모았을 때 2배가 되는 것이 아니라 2배 그 이상의 효과를 발휘합니다. 월급을 어떻게든 뭉쳐야 초반부터 돈이 굴러갈 수 있습니다. 규모가 규모를 키우는데 나누기부터 하면 투자 효과를 극대화하기 어렵습니다. 초반 기세가 중요한 신혼 시절에는 더욱 그렇습니다. 한쪽 수익이 압도적으로 큰 상황이 아니라면 양쪽의 돈을 합치고 첫 집부터 마련해야 하지 않을까요?

시드가 모였다면 공인 중개 사무소부터 찾아가 봅시다. 너무 늦었나 싶고 왜 진작 찾아가지 않았을까 하는 후회가 밀려들지 모릅니다. 그래도 일단 다녀 보는 수밖에요. 우선 부동산에 전화를 걸고 직접 찾아가 대화하는 과정에 익숙해져야 합니다. 배경지식이 없는 상태에서는 컴퓨터를 켜고 지도를 들여다본다 한들 찾을 수 있는 정보가 제한적입니다. 인터넷을 뒤져도 정확하지 않은 정보만 접할 확률이 높습니다. 온라인 부동산에 올라온 매물이 전부도 아니고 블로그에 올라오는 글이 시의 적절한지도 불분명합니다. 시장은 항상 변화하기 때문입니다. 미세한 변화나 그 변화의 조짐은 현장에서 파악해야 정확합니다. 부동산을 직접 다니다 보면 점점 집을 보는 기준이 생길 것입니다. 그 기준을 바탕으로 입지를 분석해 나가면 됩니다.

부동산 가격을 좌우하는 4+1 입지 요건

살고 싶은 지역부터 살펴봅니다. 이미 높아진 가격에 좌절할 수 있습니다. 하지만 포기하는 대신 그곳에서부터 제2의 대안을 찾으려 노력해야 합니다. 지하철 노선도를 펼쳐 놓고 살고 싶은 곳과 연결된 주요 역과 역 주변 아파트를 찾아본다든가, 가장 가까운 동네의 10평대 혹은 20평대 아파트를 알아봅니다. 사이클에 따라 대형 평수가 각광받는 시기가 있고, 소형 평수가 인기를 모으는 시기가 있습니다. 하지만 비싼 동네의 소형 평수와 상대적으로 비싸지 않은 동네의 대형 평수를 두고 고민한다면, 확률적으로 전자의 집이 초보자에게 투자 가치가 있습니다. 하락할 땐 덜 하락하고 상승기에는 대형 아파트의 상승분을 쫓아갈 테니까요.

예산은 한정돼 있을 것입니다. 원했던 곳으로부터 멀어질 수밖에 없습니다. 그래도 인터넷과 부동산 앱을 통해 검색했던 아파트의 가격들을 지역별, 평형별로 외울 정도는 돼야 감이 잡히기 시작할 것입니다. 결국엔 예산이 허락하는 한도 내의 어느 지점에서 최선의 매물을 찾게 됩니다. 이때 부동산 가격을 좌우하는 '4+1 입지 요건'을 익히고 있다면 분석에 도움 되겠죠.

첫 번째 입지 요건, 일자리

부동산 시장의 가장 두터운 수요층은 직장인입니다. 직장인은 결국 직장 근처에 거주할 수밖에 없으니 일자리가 많은 곳은 집값이 높게 형성됩니다. 대중교통을 이용했을 때 일자리 밀집 지역까지 이동하는 데 얼마나 걸리는지, 실제로 물리적 거리는 얼마나 되는지 따져 봐야 합니다.

서울 시내 일자리는 강남, 광화문, 여의도에 집중되어 있습니다. 당연히 해당 지역의 집값은 높을 수밖에 없습니다. 실제로 강남구는 전국 226개 시군구 중 거주 인구보다 출퇴근 인구가 더 많은 유일한 지역입니다. 직주 근접 수요가 탄탄하니 집값이 고공 행진할 수밖에요. 지방이라면 시청, 법원 등 공공기관 또는 산업 클러스터, 대기업 공장 밀집 지역이 부동산 하락기에 가격 방어가 상대적으로 견고하겠죠.

수도권은 물리적 거리보다 시간적 거리가 더 중요합니다. GTX 노선이 발표되자 서울의 업무 지구와 연결될 것으로 예상된 송도, 수원 등의 아파트 가격이 급상승했습니다. 신안산선 개통을 앞두고 여의도와 연결될 지역도 집값이 올랐습니다. 물리적 거리는 멀어도 교통의 접근성이 개선되기 때문입니다.

그 지역 직장인의 평균 연봉 수준도 집값을 결정하는 주요 요소입니다. 서울에 연봉 높은 대기업이 몰려 있으니 집값이 타 지역보다 높게 형성됩니다. 집값이 미쳤다고 하면서도 사람들은 서울로 모일 수밖에 없습니다. 돈을 벌기 위해서요. 항구 도시 또는 산업 도시의 아파트 가격이 견고한 이유도 비슷합니다. 집은 직장 근처로 구해야 출퇴근 시간을 아낄 수 있습니다. 그렇지만 직장이 외진 곳 또는 지방의 소도시에 위치했다면 거주는 직장 근처에서 하되 매수는 도심권에 해야겠지요. 부동산 상승기에 혹시나 소외되지 않도록 말입니다.

두 번째 입지 요건, 교통

로마가 대형 제국을 건설할 수 있었던 배경에는 세계 구석구석까지 닿는 도로가 있었습니다. 모든 길은 로마로 통했으니까요. 길이 뚫리면 물류와 사람이 도로를 따라 더 빠르게 이동할 수 있습니다. 덕분에 배후 수요가 두터워져 인프라가 함께 발달합니다.

현대 사회에서 교통의 핵심은 지하철입니다. 물론 지하철이 부동산 가격에 영향을 미치는 정도는 수도권과 지방 사이에 차이가 있습니다. 지방은 지하철이 구석구석 닿지 않지만 수도권보다 교통 체증이 심하지 않고 차량 의존도가 높은 편이라 상대적으로 대중교통의 중요성이 덜 부각됩니다. 반면 서울 및 수도권에서 집을 구할 땐 지하철 노선이 일자리 밀집 지역과 얼마나 단시간에 연결되는지를 주요 변수로 둬야 합니다. 유동 인구를 결정하는 핵심 요인이기 때문입니다.

교통 호재가 있는 지역은 집값이 4단계에 걸쳐 변화합니다. 계획이 발표된 시점에 처음 가격이 꿈틀하고, 착공 시 또 다시 움직입니다. 개통한 직후에 기대감으로 한 번 더 상승하고 몇 년이 흘러 실제로 효과가 입증될 경우 그 가치가 가격에 반영됩니다. 이왕 매수 타이밍을 조절하고 싶다면 각 단계의 직전 시점이 상대적으로 유리하겠지요. 물론 대체로 이렇다는 것이지 집값 하락기에는 호재도 큰 효과가 없으니 교통 개발 호재는 부동산 구입 시점에 맞춰 유연하게 검토할 재료입니다.

세 번째 입지 요건, 학군

학군이 자녀의 성적을 보장하진 않습니다. 상위권 학생은 어떤 환경에서도 공부를 하니까요. 공부는 억지로 시킨다고 되는 것이 아닙니다. 좋은 대학교에 가는 학생은 수도권이 아닌 곳에도 있습니다. 다만 학군이 우수한 지역은 학생들의 일탈 하단 지지선이 단단한 경향이 있습니다. 자녀 때문에 학군지를 찾는 부모라면 대체로 교육에 관심이 높을 수밖에 없습니다.

이런 지역은 학생들이 부모의 울타리를 벗어나기 어려운 환경에 놓입니다. 학원을 빼먹거나, PC방에 몰래 가는 정도가 일탈의 전부겠죠. 같이 어울리는 친구들이 예측 가능할수록, 그리고 그 친구들이 커서 좋은 친구가 되어 줄 수 있다는 가능성만으로 학군지에 의미를 부여하는 부모가 많습니다. 부모들은 자녀의 성적도 중요시하지만 안전과 또래집단 문화에도 관심이 지대하기 때문입니다. 초등학교를 품은 아파트라는 신조어 '초품아'도 아이들의 안전을 우선하는 부모의 관심으로부터 탄생한 단어입니다.

한편 학원가는 희소한 자원입니다. 학교에 비해 학원가는 귀하니까요. 넓은 서울에도 학원가라고 알려진 곳이라곤 대치동, 목동, 노원 정도입니다. 학원을 한군데만 다니는 학생은 잘 없습니다. 학원 수업 사이에 공백이 발생하기 마련이니까요. 학원까지 데려다주고 데려오는 일은 둘째 치더라도 학원 수업 사이에 학생이 맘 편히 쉴 공간은 집밖에 없습니다. 부모들은 자녀가 카페나 편의점을 전전하기를 원하지 않습니다. 자유롭게 집을 오가며 여러 학원을 다니길 바랍니다. 어쩔 수 없이 학원가 근처에 집을 알아보게 되는 이유입니다.

학군의 중요성은 지방으로 갈수록 커집니다. 수도권에 비해 인구 밀도가 낮은 지방은 직주 근접이 비교적 용이하고 대중교통보다 자가용을 많이 이용하므로 부동산 수요를 분산할 수 있습니다. 반면 학군지는 대구 수성구, 대전 둔산동과 같이 지역의 브랜드 기능을 합니다. 희소하기 때문에 수요를 유발하죠. 학생들의 숫자가 급히 감소하는 요즘 시대에는 소수 지역에 학원이 밀집되는 경향이 더욱 두드러지고 있습니다. 그래서 학군지의 희소성은 앞으로 더 강화될 것입니다.

네 번째 입지 요건, 자연환경

자연환경은 조망과 접근성이라는 2가지 측면에서 살펴볼 수 있습니다. 한강변 아파트는 모두가 살고 싶어 하는 곳입니다. 대개 사람들은 집에서 한강을 바라보는 조망을 동경합니다. 그렇지만 한강의 진짜 매력은 이용 가치에 있습니다. 도심 속에서 걷고, 즐기고, 운동하고, 먹고, 쉴 수 있는 공간이 집 앞에 존재하는 것만으로 특별한 가치를 지니기 때문입니다. 이는 사람들의 선호에 영향을 미치고 문화적 특권으로 작용해 집값에 프리미엄이 더해집니다. 한강은 조망과 접근성이라는 2가지 조건을 모두 충족하는 대표적 사례입니다.

공원은 어떨까요? 미끄럼틀과 운동 기구가 몇 개 있는 공원 말고 대규모 공원 말입니다. 산책도 하고 가벼운 조깅도 할 수 있는 공원은 도심에 잘 없습니다. 도심 속에 위치한 대형 공원은 접근이 용이하고 규모에 따라 조망이 나오기도 합니다. 서울의 서울숲이 그 예시입니

월급만으로 부자 되는 집중 투자법

다. 미래에 조성될 용산 공원도 비슷한 기능을 합니다. 희소성이라는 측면에서 대규모 공원은 집값을 견인하는 긍정적 입지 요소로 작용할 수밖에 없습니다.

산은 규모와 위치에 따라 호불호가 나뉩니다. 산의 존재는 교통을 가로막기도 합니다. 직선거리로 금방이라도 산 때문에 돌아가야 하면 오랜 시간이 소요됩니다. 좁은 터널은 교통 체증의 주요 원인이 되기도 합니다. 또한 산을 산책 공간으로 활용할 수 있을지는 미지수입니다. 산과 붙어 있는 아파트는 경사면과 접할 확률이 높은데 일반적으로 구릉지는 평지에 비해 높이 평가받지 못합니다. 다만 뒷동산처럼 산책이 가능한 소규모 산들은 조망과 이용 가치라는 측면에서 긍정적입니다.

하천 근처는 산지와 다르게 평지에 속합니다. 산지가 갖는 지형적 디스카운트 요소는 사라지는 셈입니다. 하천을 따라 산책할 수 있고 물이 흐른다는 자체로 집값에는 호재로 작용할 수 있습니다.

+1 추가적 입지 요건, 대단지

버스 노선, 상권 등 생활 인프라는 대단지 아파트를 중심으로 형성됩니다. 유치원과 학교가 자연스레 생겨나기도 하죠. 단지 내에는 커뮤니티 시설이 있고 산책도 가능합니다. 지역을 대표하는 랜드마크로 부상하기에 손색이 없습니다. 도심 내 대규모 아파트 부지는 갈수록 귀해지고 있습니다. 거대 면적을 단일 아파트 단지가 지배한다는 사실은 희소성을 갖습니다. 나 홀로 아파트에 비해 거래가 수월해 환금성도 뛰어납니다. 또한 대단지 아파트는 도시 개발의 호재를 직접적으로 누릴 가능성이 큽니다. 도시 개발은 애초에 계획 단계에서 얼마나 많은 사람이 혜택을 볼 수 있는지를 고려하기 때문에 수많은 사람이 모여 사는 대단지 아파트 위주로 개발 계획이 수립될 수밖에 없기 때문입니다.

월급만으로 부자 되는 집중 투자법

강남이
아니라도
호재는 많다

2019년 말 기준 우리나라의 주택 보급률은 약 105%입니다. 선진국은 110~120%에 이르니 상대적으로 높은 수준은 아닙니다. 게다가 이 수치는 곧 쓰러질 듯한 낡은 집까지 모두 포함합니다. 대중이 살고 싶어 하는 지역으로 조사 대상을 한정한다면 핵심지의 초과 수요는 여전할 것입니다. 장기적으로 인구가 감소하니 집값이 떨어진다고 예상하는 사람도 있습니다. 인구는 수요의 중요한 부분을 차지합니다. 하지만 수요는 인구뿐 아니라 시장의 유동성도 포함하며 다양한 변수로 구성됩니다. 인구가 감소하는 속도보다 시장에 돈이 풀리는 속도가 더 빠르다면 초과 수요는 견고할 수 있습니다.

100채만 존재하는 부동산 시장에 100명의 사람이 총 100억 원을 들고 있다고 가정해 보겠습니다. 여기서 인구가 80명으로 감소해도 시장에 돈이 풀려 이들이 총 200억 원을 보유하게 됐다면 집값은 어떻게 될까요? 부동산 가격은 하락하기 어렵겠죠. 게다가 투기적 수요까지 시장에 불어닥친다면 100명에서 80명으로 사람 수가 줄어든 현상이 큰 변수가 되지 않습니다. 시장에는 가격 상승을 염두에 두고 임대를 주면서 자산의 한 축으로 부동산을 보유하고 싶은 수요가 항상 존재하기 마련이니까요.

짐작하셨겠지만 메가시티 서울은 입지적으로 부족한 부분이 별로 없습니다. 인구가 급격히 줄지 않는 한 수요는 높게 유지될 것입니다. 강남은 역시 강남입니다. '누가 강남 좋은 줄 모르나? 시드가 부족해서 그렇지'라는 생각이 당연히 들 수 있습니다. 강남을 강조하는 이유가 반드시 강남에 집을 사라는 뜻은 아닙니다. 강남은 부동산 입지와 관련한 모든 설명이 가능한 대표적 지역입니다. 어차피 내 집을 고를 땐 각자 심사 위원이 되어 대상물을 평가하는데, 아무 기준이 없는 것보다는 비교할 기준점이 있어야 빠르게 채점할 수 있지 않을까요?

성수동이 신흥 부촌으로 떠오른 이유

아직 집을 마련하지 않은 지인들과 대화하다 보면 그들의 말에서 완벽주의를 발견하곤 합니다. 물론 집값이 한두 푼도 아니고 대출까지 받아야 하는 상황에서 좋은 집을 고르려는 욕심은 충분히 이해합니다. 다만 과욕은 오히려 냉정한 판단을 어렵게 만듭니다. 역세권 아파트를 싫어할 사람 없고, 학군이 우수한 주거지를 마다할 사람도 없습니다. 완벽주의에 빠진 사람은 눈이 너무 높아져 '여긴 이래서 맘에 안 들고 저긴 저래서 맘에 안 든다'고 합니다.

4+1 입지 요건에서 두세 가지 요건이 빠지더라도 자신에게 맞는 곳을 고르는 결단력이 필요합니다. 지금은 부족하지만 미래에 호재가 예상된다면 더 좋겠죠. 역세권을 군이 고집하지 않았지만 먼 미래에 지하철 노선이 예정돼 있다거나, 현재는 신도시라 학군이 형성되지 않았으나 근처에 지속적으로 아파트가 생기고 있어 학교와 학원이 들어설 수밖에 없는 곳들 말입니다.

이해를 돕기 위해 4+1 입지 요건을 서울 성수동에 대입해 보겠습니다. 과거 성수동은 서울 중심지를 보조하는 곳에 불과했습니다. 구로, 영등포와 함께 공장이 가득한 공업 지대였죠. 하지만 최근에는 신흥 부촌으로 떠올랐습니다. 탄탄했던 입지가 결국 빛을 본 경우입니다.

성수동은 지하철 2호선과 분당선이 지납니다. 일자리가 집중된 광화문과 강남으로 쉽게 접근할 수 있습니다. 특히 다리 하나만 건너면 강남이라 강남 생활권에 가깝습니다. 예를 들어 성수동 거주민이 삼성동 코엑스에서 반포에 사는 친구를 만났다고 가정해 보겠습니다.

같은 시각에 각자 집으로 헤어질 때 확 트인 영동대로를 따라 올라가면 성수동 친구가 집에 더 일찍 도착합니다. 이처럼 도시 중심지와의 접근성은 입지 가치를 높이는 주요 조건입니다. 이외에도 강변북로, 올림픽대로, 동부 간선 도로를 끼고 있습니다. 서울 시내 어디로든 사통팔달 쉽게 이동이 가능합니다. 게다가 서울숲은 30만 평 규모이지요. 근처엔 한강도 있고 응봉산도 있습니다. 조망도 좋고 발길 가는 대로 걷다 보면 쉽게 자연환경을 접할 수 있습니다.

핸디캡이 있다면 학군입니다. 학군이 오밀조밀하게 형성돼 있지는 않습니다. 다만 성수전략정비구역의 재개발이 남아 있습니다. 인구가 늘어나면서 학군이 조성될 여지가 있습니다. 호재가 남은 지역은 기대감이 있어 하락기에도 가격 방어가 상대적으로 수월합니다.

낡은 건물이 미래에 부를 가져다줄 수도 있다

자, 이제 마지막은 땅 이야기로 맺어 볼까 합니다. 아파트를 설명했지만 아파트의 본질도 결국은 땅이니까요. 건물은 겉모습일 뿐입니다. 건물이 차지하는 대지 지분과 평당 공시 지가가 해당 부동산의 진정한 가치를 대변합니다. 아파트 이외의 모든 부동산 상품도 마찬가지입니다. 높이 멋지게 올라간 건물은 이미 땅의 가치를 건물에 전부 반영했을 것입니다. 건물은 감가상각이 있습니다. 시간이 흐를수록 가치가 하락할 수밖에 없죠. 부동산을 볼 땐 눈에 보이는 모습 말고 미래에 어떻게 변할 수 있을지, 그 변화가 지분 가치에 얼마나 이익을 가져다줄지 상상해 보는 연습이 필요합니다.

2021년 9월이었습니다. 뉴스에서는 케네디 우주 센터의 리치 콤플렉스 39A에서 스페이스X가 운영 중인 우주여행용 유인 우주선 '인스피레이션4'를 발사했다는 소식을 전하고 있었습니다. 오직 민간인들만 탑승한 채로 궤도 우주를 비행했습니다. 탑승객들은 지구와 별을 구경하고 우주에서 시간을 보낸 뒤 무사히 돌아왔습니다.

자, 어떤가요. 언젠가는 우주 산업이 발달해 지구 밖에 도시가 건설되고 사람들이 다른 행성으로 이주하는 시대가 도래할 거라는 상상을 하게 됩니다. 입지 요건 따위 너무나 사소해 보이지 않나요? 달을 볼 때마다 '언젠가 저길 가는 날이 온다면 그땐 부동산 입지를 따지는 내가 우습게 보이겠지' 하는 생각도 합니다. 물론 그렇다고 당장 현실이 뭐 어떻게 되는 건 아니지만 말입니다.

5장

가상 화폐 시장, 끝난 것 같아도 끝이 아니다

비트코인 시작하기

비트코인이
안전 자산이라면
누가 안 살까?

지인들과 비트코인 투자를 이야기하면 '이미 늦지 않았나요' 혹은 '통 믿음이 안 가요'라는 답을 듣습니다. 섣부터 긋는다는 느낌을 받죠. 우리는 쉽게 과거에 사로잡힙니다. 물론 어떤 목표를 성취했다면 이를 유지하기 위해 변화를 거부할 수 있습니다. 변화를 주더라도 지위를 견고히 하며 천천히 변해 가야 편안합니다. 하지만 도약하기 위해서는 새로운 시도가 필요하겠죠. 본능적으로 거부감이 드는 대상이라도 일단 관심을 기울이는 태도가 중요하고요.

스탠퍼드대학교의 심리학자 캐롤 드웩 교수는 인간의 본질을 고정 마인드셋과 성장 마인드셋으로 구분했습니다. 고정 마인드셋을 가진 사람은 인간의 타고난 자질은 변하지 않는다고 믿습니다. 이들에게 성공이란 자신이 갖고 태어난 재능을 증명하는 일입니다. 반대로 성장 마인드셋 세계에서 성공은 각자가 가진 재능과 관심사가 다를지라도 누구나 노력하면 성장할 수 있음을 뜻합니다. 도전에 실패해도 좌절하는 대신 이를 성공으로 향하는 과정이라고 받아들입니다.

드웩 교수는 10살짜리 아이들을 상대로 실험을 했습니다. 아이들이 어렵다고 느낄 만한 문제들을 주고 반응을 살폈습니다. 어떤 아이들은 도전 자체를 즐거워했습니다. '이 문제가 나에게 유익한 도움이 되면 좋겠어요'라고 말하는 아이도 있었다고 합니다. 이 아이들은 자기 자신한테 성장 가능성이 있음을 무의식적으로 자각하고 있던 겁니다. 긍정적이었던 이들은 문제를 해결하지 못하더라도 자신의 실수에서 배울 점을 찾고 또 고치려 노력했습니다.

반대로 어떤 아이들은 문제를 받자마자 풀 수 없는 문제라며 좌절했습니다. 눈에 보이는 어려움에 사로잡힌 셈입니다. 실제로 그들의 뇌는 경직되었고 도전을 회피했습니다. 대신 자신보다 못하는 아이를 찾으며 위안을 받는 모습을 보였습니다.

투자의 세계에서 젊은 세대의 약점이라면 상대적으로 적은 시드입니다. 하지만 젊은 세대에게는 뛰어난 학습 능력과 도전 의식이 있습니다. 기회의 문은 진작 닫혔다고 좌절하며 현 상황에 머무를지, 자신의 성장 가능성을 믿고 도전할지는 선택의 문제이지만 당신의 인생을 한 단계 업그레이드 하고 싶다면 성장 마인드셋을 탑재해야 합니다.

하루 30분씩이라도 집 밖을 나가 달리다 보면 컨디션이 눈에 띄게 좋아지는 경험을 할 수 있습니다. 회사 복도에서 모르는 동료에게 밝게 인사를 건네다 보면 어느새 그 동료와 친해지는 경험을 하게 됩니다. 잠들기 전, 하루 동안 감사했던 일을 하나씩 떠올리는 연습을 하면 어느 날엔 인생 그 자체로 행복을 실감하기도 합니다. 고정 마인드셋만 가진 사람, 성장 마인드셋만 가진 사람은 없습니다. 젊은 시절엔 약점보다 강점을, 그러니까 고정 마인드셋보단 성장 마인드셋을 부각할 수 있어야 당신의 투자 생활에 유리할 것입니다.

끝났다며 좌절할 것인가, 가능성을 찾아낼 것인가

가상 세계는 과거에도 존재했습니다. 대체로 게임의 형태였죠. 그러나 확장성에 한계가 있습니다. 디지털 공간의 모든 것이 복사 가능했기 때문입니다. 화폐만 해도 그렇습니다. 어떤 게임 회사가 게임 머니를 통제하고 마구 찍어 낼 수 있다면 화폐로써 갖춰야 할 희소성은 물론 신뢰성마저 잃게 됩니다. 하지만 블록체인 기술과 가상 자산의 등장으로 이러한 한계가 극복되고 있습니다. 이제는 디지털 공간에서 경제 활동이 가능해졌죠.

얼마 전 페이스북이 사명을 메타(Meta)로 바꿨습니다. 가상 세계의 선두 기업 또는 플랫폼 그 자체가 되겠다는 포부를 밝힌 듯했죠. 디지털 세상에서 경제 시스템이 구축 가능하다면 돈을 따라 우리의 일터, 취미, 쇼핑, 부동산, 문화 등 모든 것이 가상 세계로 옮겨 갈 수 있습니다. 요즘 유행하는 NFT 역시 쉽게 말해 디지털 세상으로 옮겨 간 자산의 등기부 등본에 가깝습니다.

내가 비트코인 시장에 진입했을 때 '뭐 이런 시장이 있을까'라는 마음에 당황스럽기도 했습니다. 24시간 거래할 수 있다는 점부터 놀라웠습니다. 솔직히 비트코인에 관한 공학적 기술을 얼마나 아느냐고 묻는다면 거의 모른다고 답해야 할 것입니다. 그렇지만 나는 투자적인 관점에서 비트코인을 '공급이 2,100만 개로 제한된 대체 자산'으로 정의했습니다. 공급이 제한된 상품은 가격이 비탄력적으로 움직입니다. 수요가 변하면 가격의 변동 폭은 커질 수밖에 없습니다. 즉, 대중이 조금만 열광해도 비트코인의 가격은 크게 상승할 수밖에 없는 구조입니다. 공급이 비탄력적인 자산에는 언제나 기회가 있죠.

사람들은 비트코인이 화폐인지 아닌지 논쟁합니다. 기술적으로 상용화될 수 있는지의 여부도 주요 관심사입니다. 비트코인이 화폐처럼 사용되는 모습을 기어이 목격한 다음 투자에 나서고 싶어 합니다. 하지만 모두가 비트코인의 가치에 동의하는 순간 비트코인은 오히려 투자 대상으로써 매력을 잃는다고 생각합니다. 대중의 생각이 일치하는 곳에서는 평균 이상의 수익을 기대하기 어렵기 때문입니다.

버블이 형성되는 시장의 모습은 대개 유사합니다. 얼핏 봤을 땐 단순해 보이지만 알면 알수록 복잡한 상품이어야 버블이 발생합니다. 좋아 보이긴 하는데 왜 좋은지 막상 이야기하라고 하면 설명이 쉽지 않은 상품들 말입니다. 게다가 공급이 한정적이라면 거품 끼기 더없이 좋은 여건이겠죠. 누구나 쉽게 이해하는 상품은 가격 상승이 제한적일 수밖에 없습니다. 이미 그 가치가 가격에 반영되었기 때문입니다. 버블 초기에는 돈을 벌었다는 사람의 이야기가 영웅담처럼 들립니다. 대중은 영웅을 좇고 싶어 합니다. 부자가 되고 싶다는 마음에 무분별하게 시장에 뛰어들고, 사람들이 모일수록 버블은 정점을 향해 치닫습니다.

변동성이 큰 시장에 진입할 때에는 거래의 목적을 분명히 해야 합니다. 처음엔 적당한 수익을 목표로 삼았지만 점점 가격 변동에 심취해 원래의 목적은 잊고 재미를 탐닉하는 경우가 자주 발생하기 때문입니다. 투자는 도박보다 세련된 행위지만 흥분하기 시작하면 정신적으로 취약해진다는 점에서 크게 다를 바가 없어집니다. 초기 목적과 손익 실현 계획은 어느새 잊은 채 허황된 꿈에 취하고, 투자를 일상의 권태를 극복하는 수단으로 이용하다 결국 손실을 보게 됩니다.

나는 전문 투자자나 뛰어난 전업 투자자를 위해 이 책을 쓴 게 아닙니다. 당신과 나처럼 심리적으로 취약한 초보 투자자를 위해 썼습니다. 평범한 직장인인 우리들은 새로운 투자 세계에 발을 들이기 전에 두려움부터 들 수밖에 없습니다. 차라리 외면하면 안전한 것도 진실입니다. 하지만 새로운 경험에서 비롯된 두려움은 기존의 나를 뛰어넘어 높은 수준으로 도약하는 지렛대가 되어 주기도 합니다. 모든 경험은 지나온 발걸음으로 남아 새로운 자본으로 각인되니까요.

24시간
거래되는 시장에서
지켜야 할 것

한때 기관 투자자들은 왜 굳이 회사에 다니는지 궁금했습니다. 자산 운용사에서 익힌 경험과 실력이라면 전업 투자를 시작해도 큰 수익을 거둘 텐데 말이죠. 실제로 회사를 그만두고 회사에서 사용한 방식 그대로 투자하는 펀드 매니저들이 있다고 합니다. 하지만 그중 끝까지 성공해서 경제적 자유를 이룬 사람은 소수고, 다시 회사로 되돌아오는 사람이 다수라고 하네요. 이유가 무엇일까요?

사무실을 나오는 순간 기관 투자자도 개인 투자자로 변합니다. 그를 통제하던 규율, 리스크 시스템과도 이별입니다. 펀드 매니저에게는 회사에서 정해 준 손절 원칙이 있습니다. 충동적인 매매가 불가능합니다. 깡통을 차는 재앙은 벌어지지 않죠. 하지만 개인 투자자에게는 언제든 그런 일이 가능합니다. 인간은 심리적으로 투자에 취약하게 설계되어 있습니다. 전문적으로 훈련을 받은 투자자도 시스템 밖에선 원래의 재능을 발휘하지 못하는데 하물며 평범한 초보 투자자가 자신의 한계를 극복하기란 쉽지 않습니다. 변동성이 극도로 불안정한 비트코인 시장에서는 더욱 그렇겠죠. 리스크가 관리되지 않는 개인 투자자는 마치 사자 우리에 던져진 한 마리 닭의 처지에 불과할 것입니다.

비트코인은 24시간 거래됩니다. 급등락을 반복하죠. 높은 변동성은 장점이자 단점입니다. 준비된 사람에게는 단기간에 큰 수익을 안겨 주지만 그렇지 않은 사람에게는 투자금 전부를 찰나에 앗아 갑니다. 이런 시장에 소액이라도 들고 뛰어들어 보면 인간이 얼마나 부족한 존재이고 투자에 취약하게 설계되었는지 깨달을 수 있습니다.

시장이 과열됐는지 고민하며 수익을 키우다

투자에 정답은 없습니다. 다만 처음에 계획했던 기준을 지키며 매수와 매도를 결정할 수 있어야겠죠. 우린 공포에 휩싸이기도 하고 헛된 희망을 품기도 합니다. 초심을 잃고 우왕좌왕하는 사이 큰 손실을 입게 됩니다. 실패는 성공의 어머니라고 해도 손실부터 경험한 사람은 위축될 수밖에 없습니다. 포기하듯 바닥에서 손절한 경험은 마음속 깊이 각인되죠. 후유증으로 남습니다. 결국 정상적인 조정에도 쉽게 매도하거나 가격이 조금만 상승해도 급락이 두려워 금세 시장을 나와 버립니다.

그렇다고 성공 경험이 매번 도움 되지도 않습니다. 초심자의 행운은 인간의 탐욕을 자극합니다. 어쩌다 큰 수익이 나면 기뻐하기보다 '더 매수했으면 좋았을걸' 하는 아쉬움에 자책하게 되죠. 이는 다음 투자에 겁도 없이 금액을 키우는 원인이 됩니다. 10%, 20% 수익이 우습게 느껴지고 100%, 200% 가격이 급등하는 상상을 하는 사이 계좌는 리스크에 노출됩니다. 투자했던 자산 가격이 급락해도 계획대로 손절하지 못합니다. 물을 타거나 일시적인 하락이라며 합리화할 뿐 진짜 합리적인 대응에는 실패하게 되죠.

시장은 끊임없이 함정을 파고 초보자에게 손짓합니다. 천천히 수익부터 내어 줌으로써 거래 규모를 키우게 만든 다음 단번에 박살냅니다. 급등을 앞두고 상승과 하락을 지루하게 반복하여 참을성 없는 개인을 시장에서 낙오시키기도 합니다. 시장은 개인의 모든 약점을 집요하게 공격합니다. 투자란 결국 시장을 거울삼아 나의 취약점을 발견하는 과정인지도 모릅니다.

나는 위기 때마다 과거를 들춰 봅니다. 성공 사례를 떠올리며 그때는 왜 좋은 결과를 거두었는지, 실패한 경우에는 왜 실패했는지를 되돌아보죠. 이를 통해 현재 놓치고 있는 점은 없는지, 어떤 방법으로 위기를 극복할지 해결책을 끊임없이 고민합니다.

돌이켜 보면 내가 똑똑하거나 뛰어난 예측력을 가졌기 때문에 시장에서 수익을 거둔 것은 아니었습니다. 성공의 이유를 찾자면 언제나 나보다 똑똑한 사람을 찾아내 그들의 능력과 생각을 빠르게 벤치마킹했고, 가능한 한 대중과 반대로 사고하려고 노력한 정도입니다. 특히 급등락이 가파른 가상 자산 시장에서는 현 상황이 과열인지 아닌지 신경을 곤두세웠습니다. 만약 과열이라면 남들과 반대편에 서야 하는 시점을 예민하게 고민했습니다. 또한 각 사이클에 맞춰 거래 전략을 달리하며 손실은 피하고 수익은 키우려 노력했죠.

주변 사람에게 여기까지 이야기하면 여전히 갸우뚱하는 모습입니다. 가상 화폐 시장에서 크게 잃었던 경험 때문인지, 혹은 새로운 상품에 대한 두려움 때문인지 '그게 말처럼 쉬운가' 하는 반응이죠. 그럼에도 혹시나 가상 자산 시장을 경험하고 싶은 분을 위해 시도해 볼 만한 방법을 단기와 중장기로 나누어 조금 더 자세히 살펴보겠습니다. 그러나 조심하세요. 가상 화폐 매수를 추천하는 글이 아니니까요.

단기 투자,
경험을 쌓고
상승장을 적극 활용하라

　상승장에 부지런히 합류해 최선을 다하고, 상승장이 끝나기 전에 모두 정리하는 투자 방법은 단기간에 수익을 거둘 수 있는 최선의 방법입니다. 유동성이 시장에 쏠리는 시기에 참여해야 수익을 극대화하기 쉽습니다. 상승장일 땐 개별 종목을 가려내야 하는 어려움은 없습니다. 대체로 함께 오르니까요.

　단, 환상으로부터 빠져나오는 시점도 명확히 정해야 합니다. 탈출의 기준은 제각각일 것입니다. 대중이 열광하는 모습이 비이성적인 수준에 도달했다든가, 거래량은 많은데 시장 지수는 더 이상 상승하지 못한다든가, 세계적인 규제 또는 도산 이슈가 급하게 발생했다든가 등등 고점이 왔음을 짐작하는 기준은 사람마다 다를 수 있습니다. 누군가는 스스로의 내면을 기준 삼아 들여다보고 탐욕스런 자기 자신에게서 고점 신호를 발견할지도 모릅니다. 어느 정도는 직감의 영역이라 어려울 수 있지만, 고점을 대비하는 투자자가 수익을 챙길 수 있습니다.

평범한 사람들은 비트코인이 상승한다는 기사가 언론에 도배되고 나서야 시장에 진입하기 시작합니다. 대중이 참여하는 시점부터 시장은 시한폭탄을 떠안은 셈입니다. 그렇다고 기회가 없는 것은 아닙니다. 비트코인 투자 경험이 있는 사람들은 알겠지만 비트코인 상승장은 대중의 입에 오르내리기 시작하고 한참을 더 지속된 뒤에 꺾이는 경향이 있습니다. 그러니까 다른 자산군에 비해 상승기라는 소문을 듣고 뒤늦게 시장에 입성했어도 상승폭이 남아 있는 경우가 존재할 수 있습니다.

처음부터 계좌 금액 대비 과도한 규모로 거래하는 투자는 추천하지 않습니다. 그럼에도 콤비네이션 전략에 따라 비트코인에 집중 투자를 하겠다면 집중 투자 경험을 적어도 3회 혹은 4회 이상 쌓은 이후여야 하지 않을까요? 3번째, 4번째 집중 투자가 가능한 사람은 어느 정도 투자에 익숙해졌을 것입니다. 성공 사례를 쌓았으니 그다음 집중 투자를 감행할 수 있겠죠. 그럼에도 한 가지 당부하고 싶은 말은 알트코인보다는 비트코인 투자가 안전하다는 점입니다. 아직까진 대체 자산

월급만으로 부자 되는 집중 투자법

투자의 성격으로 말입니다.

초보자도 상승장을 활용해야 한다

상승기에만 참여해 보겠다는 초보자라도 익숙한 자리를 찾고, 포지션 비중을 조절하는 법을 알고, 손실 범위와 이익 시나리오를 정해 보고, 시장에서 완전히 나오는 법까지 익힌 후에 거래 금액을 차츰 키워야 합니다. 변동성이 큰 자산일수록 투자자의 욕심도 함께 커지기 마련입니다. 반복해서 이야기하지만 거래 계좌 대비 얼마를 벌겠다는 목표보다는 먼저 얼마만큼의 리스크를 부담할 수 있는지를 명확히 하는 편이 좋습니다. 그래야 욕심과 계좌가 통제되니까요.

월드컵에서 우승한 축구 감독에게 승리한 배경을 물으면 감독은 철학과 사상을 이야기합니다. 따지고 보면 그는 어린 시절부터 달리기와 볼 트래핑을 하며 축구를 배웠을 것입니다. 수년간 기본기를 다졌고 경기장에서 오랫동안 선수로 뛴 경험이 있습니다. 우리는 그의 인터뷰만을 듣고 판단하지만 실제로 그는 수많은 경기 경험을 지닌 베테랑입니다. 탄탄한 기본기는 눈으로 볼 수 없죠. 비트코인으로 돈을 벌었다는 사람이 여기저기서 들려오지만 우리는 결과만 듣습니다. 그들이 얼마나 기본기를 갖추고 있는지 알 수 없죠. 그렇지만 적어도 투자 문외한이 운 좋게 수익을 거둔 경우는 극히 드물 것입니다.

비트코인은 투자처로 매력적이지만 아직 성숙하지 않았습니다. 투자 경험이 적은 사람이라면 전체 자산의 5% 수준에서 상승장에 참여해 보는 것도 한 방법입니다.

상승장에서
빠르게 수익을 내는
3가지 원칙

3장 주식 편에서 소개했던 차트 활용법은 비트코인 시장에서도 유용할 수 있습니다. 초보에게 가능한 일인지는 의문을 갖고 있으나 사이클의 상승기에만 단기적으로 투자하고 나온다는 전제하에 기본적인 3가지 요령을 전달하자면 다음과 같습니다.

첫 번째, 손절은 날카롭게 할 것

가상 자산은 주식이나 부동산과 다르게 정보의 비대칭이 크게 존재합니다. 블록체인 기술 자체도 이해하기 힘든 상황에서 어떤 사업, 어떤 코인이 장기적으로 성장할지 주어진 정보만으로 판단하긴 어렵습니다. 흔히 말하는 정밀한 가치 평가가 불가능하죠. 결국 단기 성과를 목표로 시장에 진입한 투자자는 차트적 관점에서 대응할 수밖에 없습니다. 어차피 개인은 좋았던 경험 몇 개만 가지고 시장에 진입하게 됩니다. 이런 상황에서는 손절을 얼마나 잘하느냐가 중요하고, 손절이 계속될 때 비중을 늘리는 대신 차라리 손 털고 나오는 결단이 필요해집니다.

초보 투자자는 본능적으로 손실에 두려움을 느낍니다. 인간이 손실에 느끼는 심리적 고통은 이익으로부터 얻는 기쁨의 2배 내지 2.5배 수준이라는 실험 결과도 있습니다. 손절은 어려운 게 당연합니다. 비트코인처럼 변동성이 큰 자산은 손절 타이밍을 쉽게 주지 않으니까요. 마이너스 5% 정도에서 손절하겠다고 마음먹어도 하룻밤 자고 난 사이 마이너스 10% 손실이 발생할 수 있습니다. 이러지도 저러지도 못하게 됩니다. 오히려 급하게 하락할 땐 되돌림이라도 주기 마련인데 공포를 이기지 못하고 바닥에서 매도하는 실수를 반복합니다.

수익권에서도 마찬가지입니다. 단기 트레이더가 아닌 이상 어느 정도 기다릴 줄 알아야 수익을 극대화할 수 있습니다. 초보자는 보유 종목이 상승하고 있어도 조금만 하락하면 마치 손실이 난 것처럼 빠르게 매도하곤 합니다. 수익 실현은 손실 처리에 비해 정해진 원칙은 없으나 절반은 익절 후 절반만 보유, 20~30% 수익 달성 시 전부 익절, 채널의 상단이나 저항선에서 익절 등과 같이 어떤 기준 아래 실행되어야겠죠.

월급만으로 부자 되는 집중 투자법

두 번째, 옆이 올라간다고 따라가지 말 것

FOMO란 'fear of missing out'의 약자로, 다른 사람들이 하는 좋은 일에 나만 소외됐다는 두려움을 가리킵니다. 달리던 차선이 막힌다고 차선을 변경하면 다시 그 차선이 막히고, 급하게 원래 차선으로 되돌아오면 변경한 차선이 또 막히는 경험을 자주 했습니다. 물론 그때그때 기가 막힌 타이밍에 차선을 변경한다면 목적지에 더 빠르게 당도할 수 있을 것입니다.

그러나 정확한 타이밍을 매번 맞추기란 불가능합니다. 차선보다는 급한 마음이 문제의 원인입니다. 급한 마음은 합리적인 판단을 방해하죠. 내가 차선을 옮기자마자 직전 차선이 뚫리는 이유는 뚫릴 때가 됐기 때문입니다. 내가 옮겨 타려고 하는 그 시점이야말로 차선이 뚫리기 직전일 확률이 높습니다.

매수 포지션을 잡았다면 손절 기준에 닿지 않는 한 일단은 기다려봐야 합니다. 가상 자산 시장이 전반적으로 안정되고 있어 앞으로도 그럴지는 미지수입니다만 상승기에는 알트코인이 하루에 수십 퍼센트씩 폭등하기도 합니다. 내가 산 종목은 가만히 있는데 다른 종목들이 폭등에 폭등을 거듭하고 있으면 왠지 손해를 보는 기분이라 초조할 것입니다. 많은 투자자가 상대적 박탈감을 이기지 못한 채 보유한 종목을 매도하고 급등하는 종목으로 갈아탑니다만 이는 결과적으로 수익을 거두지 못하는 가장 큰 원인이 됩니다. 비트코인 상승 사이클이 끝나고 바닥에서 고점까지 오른 차트들을 보며 '그냥 한곳에 머물

러 있을걸' 하는 뼈아픈 후회, 비트코인 투자해 본 사람이라면 누구나
있지 않나요?

세 번째, 적절한 순간에 수익 실현하고 시장을 나올 것

이익을 내기도 어렵지만 지키기는 더 어렵습니다. 아무리 크게 오
른 종목도 그 상승이 가파르다면 하락 또한 날카로울 수밖에 없습니
다. 상승장에 수익이 커지면 투자 금액도 함께 불어납니다. 그런데 자
칫 늘어난 금액을 재투자했다가 정점에서 물리면 손실은 극대화됩니
다. 그 누구도 상승의 정점을 예측하진 못합니다.

신고점을 끊임없이 갱신할 땐 조정 시 매수가 원칙이나 이 역시 끝
을 알 수 없어 불안합니다. 올라가는 어깨 말고 머리를 지나 내려오는
반대편 어깨에 매도하라고 하지만 막상 반대편 어깨에서 이것이 단순
조정인지 하락의 초입인지는 쉽게 파악이 안 됩니다. 끝없이 오를 것
같던 상승장에서 급락이 시작되면 사람들은 합리화를 시도하죠. 처
음엔 건전한 조정이라고 생각합니다. 그러다 더 하락하면 너무 떨어
져서 못 팔게 되고, 거기서 또 떨어지면 지금이야말로 바닥이라고 생
각하며 버티게 됩니다. 왜 중간에 탈출하지 못했냐고 묻지 마세요. 그
이유는 직접 경험해 봐야 알 수 있습니다.

만약 비트코인 상승장에 단기간 동참하기로 했다면 거래를 앞둔 당
신은 3가지를 반드시 기억해야 합니다. 어느 정도 리스크를 감당할

수 있는지, 자신만의 기준을 갖추었는지, 그리고 비상 시 어디서 탈출할지 말입니다. 투자란 연기가 자욱해 한 치 앞도 보이지 않는 밀폐된 공간에 제 발로 들어가는 행위에 비유할 수 있습니다. 가능한 한 비상구부터 확보해야 합니다. 투자는 매수 버튼을 누를 때 통장에 돈이 들어오는 구조가 아닙니다. 매도 버튼을 눌렀을 때 통장에 돈이 찍히는 것입니다.

중장기 투자,
시들해진 시장도
다시 보자

비트코인으로 크게 수익을 냈다는 사람은 두 부류로 나뉩니다. 상승장에서 적극적으로 트레이딩했거나, 남들이 관심 갖지 않는 시점에 분할 매수해 길게 보유하다 상승기에 수익을 실현한 경우죠.

부동산과 마찬가지로 비트코인에도 사이클이 있습니다. 억만장자 투자자인 하워드 막스는 사이클에 관한 이해가 투자의 전부라거나 유일한 원칙이라고 말할 수는 없지만, "투자의 원칙 중 거의 가장 중요하다는 사실임에는 틀림없다"고 말했죠. 과거의 사이클을 익힌 다음 시장에 진입한다면 적어도 크게 물렸을 때 왜 잃었는지, 반대로 크게 벌었을 때 왜 벌었는지 이해할 수 있게 됩니다. 깊이 좌절하거나 자만

월급만으로 부자 되는 집중 투자법

하는 대신 말입니다.

비트코인의 가격은 반감기를 기준으로 4년마다 상승과 하락을 반복해 왔습니다. 물론 앞으로도 같은 현상이 이어질지는 알 수 없습니다. 아직은 비주류인 비트코인이 금융 시장의 주류로 인정받을수록 사이클은 더 안정적인 형태로 변해 갈 것입니다.

반감기란 비트코인 채굴량이 절반으로 감소한 시기를 의미합니다. 비트코인은 거래소에서 거래하거나 채굴을 통해 얻을 수 있는데, 반감기를 지날 때마다 채굴할 수 있는 양이 반으로 줄어들죠. 비트코인 발행량은 2,100만 개로 정해져 있고 현재 90% 정도가 채굴된 상황입니다. 반감기가 반복된다면 머지않아 더 이상 비트코인을 채굴할 수 없게 됩니다. 단순히 수요 공급 원리에 사이클을 비추어 보면 반감기마다 비트코인 공급이 줄어드는 효과가 생겨 가격이 상승해 왔다고 짐작할 수 있습니다.

비트코인 사이클을 판단하는 또 다른 기준은 대중의 관심도입니다. 모두가 관심 갖지 않는 시기가 비트코인의 매수 타이밍이었습니다. 대중의 관심이 쏠리는 시기가 매도 시점이었습니다. 하락기라면 겁을 먹고 혼란에 빠지는 대신 차분히 상승기를 준비하면 됩니다. 분할 매수로 대응하면서 말이죠. 반대로 상승기엔 깊은 하락기를 냉정히 대비합니다. 비중을 줄인다든가, 미련 없이 이익을 실현하는 방법으로 말입니다.

비트코인 포트폴리오는 어떻게 짤까?

가상 자산 시장은 비트코인과 비트코인을 제외한 알트코인으로 구성되어 있습니다. 비트코인과 알트코인이 함께 상승하고 함께 하락하기도 하지만 비트코인 강세장과 알트코인 강세장이 번갈아 찾아오기도 합니다. 당연히 비트코인이 오를 땐 비트코인만 보유하다, 알트코인 강세장에서는 알트코인으로 갈아타는 교체 매매를 할 수 있다면 환상적인 수익을 거둘 수 있을 것입니다. 하지만 누구라도 서로 다른 사이클을 완벽히 예측하고 투자할 수는 없습니다. 사이클의 변동성이나 서로 다른 시차를 극복하는 방법은 단단한 포트폴리오를 구성하고 시간을 인내하는 것입니다.

비트코인을 대체 자산으로 보고 장기적으로 접근한다면 전체 순자산의 5~10% 비중 내에서 포트폴리오를 구성하기를 추천합니다. 비트코인 40%, 이더리움 20%, 기타 알트코인 20%, 현금 20%을 유지하거나 혹은 비트코인 60%, 기타 알트코인(이더리움 포함) 20%, 현금 20% 정도로 비중을 유지하는 것입니다. 물론 이것은 어디까지나 예시일 뿐입니다.

포트폴리오는 구성 비율 못지않게 이를 유지하는 기술도 중요합니다. 포트폴리오의 핵심은 정성입니다. 앞마당을 관리하듯 끊임없이 다듬어 줘야 하죠. 잡초는 뽑아 주고 예쁜 꽃은 키워 주듯 말입니다.

형태가 균일해야 지속할 수 있습니다. 그러려면 20~30% 수익이 발생한 알트코인은 매도하고 상대적으로 포트 내 비중이 줄어든 우량한 비트코인을 사 모은다거나, 어떤 알트코인이라도 6% 손실 시 손절한다는 분명한 기준으로 포트폴리오를 관리해야겠죠. 혹시나 운 좋게 50%, 100% 크게 수익이 났다면 절반은 매도하고 현금 보유 비율을 늘릴 수도 있습니다. 욕심과 공포를 담았다 덜었다 하는 작업은 높은 자제력과 실행력을 요구합니다. 간혹 어느 한쪽의 비중이 갑작스레 커지거나 줄어들 경우 민첩하게 리밸런싱해 줌으로써 균형을 유지해야 합니다. 혹시 모를 급락이나 위험을 대비해서요.

떨어지는 종목은 대형 화재가 되기 전에 예방하자

개인적으로는 오르는 종목보다 내려가는 종목 정리에 신경을 기울입니다. 우리가 과일 장사를 한다고 가정해 보겠습니다. 그때그때 잘 팔리는 과일이 있고 잘 팔리지 않는 과일이 있겠죠. 내가 사장이라면 잘 팔리지 않는 과일을 계속 재고로 쌓아 두지는 않겠습니다. 가격을 내려 조금 손해를 보더라도 빠르게 판매하고 대신 잘 팔리는 과일을 적극적으로 사들여 수익을 극대화하는 데 집중할 것 같습니다. 포트폴리오 관리도 마찬가지입니다.

대형 화재의 원인은 담배꽁초와 같은 작은 불에서 시작합니다. 초기에 진압하지 못한 불은 삽시간에 번지고 맙니다. 매수와 매도를 결정했다면 당장 실행에 옮기는 게 좋습니다. 굳이 한두 호가 위에 걸어 두고 매도를 기다린다 한들 수익률이 크게 달라지진 않습니다. 나의 투자를 돌이켜 보면 팔까 말까 고민이 될 때에는 팔아 버려야 수익을 지킬 수 있었습니다. 만약 팔고 나서 급등한다면 내 운이 아닌 것입니다. 한 번만 투자하고 그만둘 계획이 아니라면 누적된 결과가 중요합니다. 초기에 작은 불씨를 조심하고 대형 화재만 예방해도 수익은 자연스레 지켜집니다.

포트폴리오는 개인의 경험, 성향, 자산 규모에 따라 다른 형태로 구성됩니다. 매수와 매도 타이밍 역시 일률적일 수 없죠. 자기만의 투자 노하우를 보유한 투자자들은 긴 시간 동안 강도 높은 거래를 경험하면서 자기 결정에 당위성을 부여하게 됩니다. 경험이 없는 초보자에게 무턱대고 비트코인 투자를 추천하지는 않습니다만, 투자를 통해 거래의 깨달음을 빠르게 얻고 싶다면 비트코인만 한 자산도 없는 것이 사실입니다.

투자에서
공격은 운,
수비는 실력이다

부자도 가난한 사람도 지루한 일상을 살아갑니다. 매일 아침 비슷한 시간에 일어나고 같은 장소에서 차를 탑니다. 퇴근하고는 텔레비전이나 스마트폰을 보다 잠들지요. 그러다 주식이나 비트코인 시장에 발을 딛게 되면 전에 없던 흥분을 만끽할 수 있습니다.

비트코인을 소액이라도 매수해 보세요. 갑자기 세상이 생동감 있게 변할 것입니다. 아침 먹는 시간에도 시세는 변하고, 잠깐 화장실 갔다 온 사이에 가격이 급등하기도 합니다. 잠든 새벽에도 가격은 움직입니다. 눈 깜짝할 사이 5%가 오르면 당장 수익을 취할까, 더 기다려 볼까 가슴이 쿵쾅쿵쾅 뜁니다. 이런 식으로 벌면 금방 부자가 될 것 같습니다. 확실히 거래는 신나는 일입니다. 문제는 흥분 때문에 돈을 벌수 없다는 점이지만 말입니다.

성공과 실패를 분석해야 대응력이 생긴다

의과 대학에 입학한 학생이 전문의가 되기까지 10년의 시간이 필요합니다. 신입생이 메스를 잡고 수술을 집도할 순 없지요. 의대 학부 과정은 연속되는 시험으로 유명합니다. 거듭된 시험을 통과하고 졸업하여 종합 병원 인턴이 되면 쪽잠을 자며 수련합니다. 오랜 시간 엄격한 시스템에서 훈련하게 됩니다. 이 과정을 거치고 나면 생명을 다룰 수 있는 자격을 부여받습니다.

수술실처럼 피만 낭자하지 않을 뿐 돈 다루는 시장도 아무나 쉽게 진입할 수 있는 곳은 아닙니다. 하지만 투자 시장은 처음 진입한 초보자에게도 메스를 쥐어 줍니다. 초보자는 자신의 똑똑함을 확신합니다. 그러나 실제로는 매수와 매도 시나리오도, 변동성을 대비한 심리적 준비도, 리스크와 손실에 대비한 자금 관리 기술도 준비되지 않았습니다.

마라톤을 한 번 하고 말 거라면 죽기 살기로 뛰어서 완주할 수 있을 것입니다. 그러나 자산 시장에서는 죽기 살기로 매달린다 한들 이성만 잃기 딱 좋지요. 혹은 더 깊은 나락으로 추락할 수도 있습니다. 발버둥치는 인간에겐 시장의 악령이 득달같이 달려와 취약한 심리를 공격하고 복잡한 숫자로 얽어매기 때문입니다.

축구 경기에서 약팀이 강팀을 이길 수 있는 전략은 한 가지 뿐입니다. 바로 수비를 강화하는 것입니다. 실점하지 않고 버티다 한 번의 역습으로 골을 넣어야 하죠. 투자도 마찬가지입니다. 갑자기 큰 수익을 내긴 어렵지만 큰 실패는 막을 수 있습니다. 공격에 운이 필요하다면 수비는 실력이 중요합니다. 실력을 키워서 수비부터 해낼 수 있어야 공격도 가능하고, 수술도 가능하고, 마라톤도 가능해집니다.

투자를 하다 보면 성공과 실패는 부지기수입니다. 왜 성공했는지, 왜 실패했는지 끊임없이 떠올리며 성공의 이유는 장착하고 실패의 원인은 걷어 내는 과정을 반복해야 위기 대처 능력이 길러집니다. 익숙한 대응 계획을 지니고 있어야 실제로 가격이 위아래로 변동할 때 즉시 계획대로 실행할 수 있습니다. 그다음에 이기는 전략도 세울 수 있습니다.

나에게 비트코인 시장은 의과 대학이자, 마라톤 코스이자, 축구 경기장이었습니다. 나를 강도 높게 훈련시켜 줬고, 죽기 살기로 해도 안 되는 것이 있음을 알려 줬으며, 살아남기 위해서는 공격보다 수비가 중요함을 가르쳐 주었죠. 어떤가요. 이만하면 내게는 훌륭한 투자 대상 아닌가요?

6장

재테크
시장에서
살아남는
법

나만의 투자법 만들기

정해진 답만
찾는 순간
투자는 어려워진다

　동네에 미용실을 열기 위해서는 이론을 배우는 시간, 견습하는 시간, 독립을 준비하는 시간까지 매 단계마다 내공을 쌓아야 합니다. 소설가에게는 작법을 비롯한 기초 지식은 물론 남다른 재능과 테크닉이 필요합니다. 그런데 투자라는 영역은 웃기게 생겼습니다. 스마트폰 하나만 있으면 누구나 할 수 있습니다. 오히려 배우고 익히는 시간이 늘어날수록 손실이 커지기도 하죠.

　떨어지는 칼날은 바닥이 없으니 잡지 말라고들 합니다. 다른 한편에서는 공포에 매수해야 돈을 번다고 합니다. 나는 손절을 강조했지만 어떤 투자자는 좋은 기업을 매수했다면 손절하지 않아야 한다고

도 하죠. 실제로 인내심으로 버틴 사람이 끝내 큰 수익을 실현하기도 합니다. 나 역시 드문 경우에는 가격 하락을 버틸 때가 있습니다. 여기서 '드문 경우'를 일목요연하게 말로 정리할 수는 없습니다. 그야말로 특수한 상황이니까요. 이 바닥에 정석은 없다고 보는 편이 합리적입니다. 정석이 있었다면 이처럼 금융 시장이 뚜렷한 승자 없이 계속 이어져 오지 못했을 겁니다. 투자에 한 획을 그은 사람들은 모두 정석 이상의 방법을 발견하고 다시 그들만의 기술로 정립해 왔습니다.

스스로 끊임없이 질문하고 답하며 기준을 개발하라

시장에서는 각 투자자마다 기준이 다릅니다. 기준에는 개인의 기질과 성향이 나타납니다. 정해진 답이 없으니 투자 시장에는 절대적 강자가 등장하기 어렵습니다. 내가 시장에 입문하던 시기에 행운이 있었다면 그건 투자를 암기 식으로 배우거나 타인의 조언으로부터 시작하지 않았다는 점입니다. 나는 투자에 성공하는 사람이 소수고 실패하는 사람이 다수라는 묘한 사실에 천착했습니다. 오르고 내릴 확률이 5대5인 경기장에서 어떻게 살아남을지 기준을 하나하나 만들었습니다. 정답이라고 할 수는 없어도 나만의 답을 만들어 갔습니다. 물론 그 기준도 언제든 깨부술 준비가 되어 있었습니다. 답을 누가 줄 수 있다고 생각하지 않았습니다. 유튜브나 블로그에 등장하는 투자 고수도 맹신하지 않았습니다. '당신은 그런 방식으로 투자했군요' 정도로 이해하고 넘겼습니다. 대신 투자법을 최대한 다양하게 살펴보며 내가 세운 기준에 구멍은 없는지 꾸준히 점검했죠.

투자 시장에 처음 진입하고 느낀 나의 단점은 자꾸 손댈 수 없는 부분에 집착한다는 것이었습니다. 예를 들면 내가 산 종목의 가격이 오를지 내릴지, 혹은 집중 투자가 적합한지 분산 투자가 적합한지 등 답이 정해져 있지 않은 문제들 말입니다. 돌이켜 보았을 때 시장은 일방적 공격이나 일방적 수비로만 경기하는 곳이 아니었습니다. 어느 날은 과감하고 모험적이어야 하고, 어느 날은 보수적이어야 했습니다. 끝까지 버티다가도 훗날을 위해 빠르게 포기할 수도 있어야 했죠. 한참 나중에 깨달은 사실은 모든 투자 행위가 분절적으로 보이나 결국 연결되어 있다는 점이었습니다. 그래서 나의 투자 경향과 방식이 어떤 식으로 관계 맺는지 스스로 깨우치고 부족한 부분은 채워 나가야 했습니다.

수학 문제를 풀 땐 공식을 이용하지만 공식만 외워서는 풀 수 없습니다. 공식은 응용 문제 앞에 무력합니다. 과정에 집중하는 사람은 공식을 몰라도 어려운 문제를 만났을 때 여러 가지 방식으로 접근하며 답을 찾아냅니다. 시장은 피라냐 떼처럼 당신을 뜯어먹을 준비를 마쳤습니다. 눈에 보이는 숫자 말고 원리를 탐구하는 사람이 피라냐 떼로부터 자기 자신을 보호할 수 있을 것입니다.

'왜 똑같은 차트를 보는데 소수만 수익을 낼까?'

'재무제표만 보고 투자할 수 있다면 정보가 모두 공개된 상황에서 왜 소수만 승리할까?'

'내가 과연 기업 가치를 적정하게 평가하는 소수가 될 수 있을까?'

'시장의 소수가 내가 되려면 어떤 방법이 필요할까?'

나는 끊임없이 스스로에게 질문했습니다. 같은 방식으로 질문하고 다르게 대답하기를 수없이 반복했죠. 답을 찾았느냐고요? 못 찾았습니다. 대신 질문하고 답하는 과정에서 내 것이라고 할 만한 노하우가 하나둘 생겼고, 그것이 틀렸다 하더라도 스스로 찾은 답인 만큼 쉽게 수정할 수 있었습니다. 수정한 답을 다시 이해하기도 수월했습니다.

어쩔 수 없이 내린 결론에 가깝습니다만, 어느 정도 기본기를 다진 후엔 자기 마음대로 가야 합니다. 틀 안에 갇혀서 정해진 답만 찾는 순간 투자는 어려워집니다. 시장은 변화무쌍한데 고정된 방식으로만 대응한다면 어떻게 시장으로부터 수익을 거둘 수 있을까요. 소수만 살아남는 시장에서 소수가 되기 위해서는 무엇보다 다르게 생각할 줄 알아야겠죠.

투자는 오늘도 어렵고 내일도 어려울 예정입니다. 나는 크게 물리는 상황을 최대한 회피합니다만 어쩔 수 없이 휩쓸리듯 물리는 경우가 생기기도 하겠죠. 사실 오늘은 물려 있습니다. 반등이 나올지, 반등이 나온다면 손절부터 할지 기다려서 반드시 이익을 낼지 매일매

월급만으로 부자 되는 집중 투자법

일 시나리오를 그리는 중입니다. 딱히 뾰족한 수가 없네요. 물려서 그런지 안 듣던 음악을 듣게 되고, 갑자기 뛰쳐나가 운동을 하기도 합니다. 하늘을 올려다보며 '제발', '이번만'이라고 말하기도 했고요. 계좌 상태를 궁금해하는 아내에게는 양해를 구합니다. 손실 중인 금액이 떠오르니 묻지 말아 달라고 부탁하죠. 어떻게든 마음의 기복을 다스리기 위해 발버둥치는 중입니다. 당신은 어떤가요?

부동산, 주식, 가상 화폐 시장에서 배운 3가지

초보자 시절에는 자기 자신이 도대체 어떤 짓을 저지르는지 마주해야 합니다. 오래 지켜볼수록 장기적으로 유리합니다. 발전하면서 내공을 견고하게 쌓을 수 있으니까요. 나는 초보자 시절에 깨달은 것들로 지금까지 버티고 있습니다.

부동산 시장에 처음 진입했을 때도, 주식 시장에 들어섰을 때도, 가상 화폐 투자를 시작했을 때도 나는 매번 극단적인 초보였습니다. 초보 되기를 두려워해서는 결국 편하고 익숙한 길만 가겠다는 거니까 실전에 필요한 지식과 기술을 습득하기 어렵습니다. 복싱도 링 위에 올라가 맞아 봐야 실력이 는다고 하잖아요.

시장의 본질을 이해하고 멘탈을 강화하다

싸이월드 해 본 적 있나요? 싸이월드 도토리나 비트코인이나 비슷해 보이는데 비트코인은 투자 대상이 됩니다. 결정적 차이가 뭐라고 생각하나요? 나의 답은 '복제 불가능성'입니다. 도토리는 언제든 복제할 수 있지만 암호 화폐는 복제가 불가능하다는 특성을 갖습니다.

요즘은 그림 투자가 유행입니다. 그림과 비트코인의 차이점은 뭐라고 생각하나요? 그림은 공급이 유한하지 않죠. 물론 한 명의 작가만 놓고 봤을 때 작품은 유한하지만 새로운 화가는 계속 등장하고 그림도 누적될 수밖에 없습니다. 비트코인은 공급이 제한되어 있습니다.

금과 비트코인의 차이점은요? 비트코인은 금에 비해 이동이 자유롭습니다. 교환이 용이하죠. 자, '비트코인에는 이렇게 장점이 여러 가지 있으니 투자 가치가 있습니다'라는 이야기를 하려는 것은 아닙니다. 자꾸 새로운 시장을 경험해 보세요. 대상을 깊이 고민하는 기회가 생깁니다. 자산 간 차이점이 보이고, 자산의 본질을 생각하게 되죠.

각 자산 시장에 참여하는 사람들의 심리는 어떨까요? 자산마다 사람의 심리가 다를까요? 적어도 내가 지켜본 바로는 크게 다르지 않았습니다. 오히려 모두 엇비슷해서 놀랐습니다. 시장이 열광적으로 상승할 때 대중은 매수에 동참했고요. 극심한 공포에 매도하더군요. 사람들은 탐욕, 공포, 희망, 자만 등 본성에 저항하기 어려워하는 듯 보였습니다. 시장은 대중에게 절대 돈을 벌어다 주지 않습니다. 그리고 대중에는 내가 포함됩니다. 우리는 시장의 본질을 깨달아야 합니다. 당장 필요한 것은 투자 기술이지만, 길게 보면 멘탈부터 갖춰야 합니다. 강한 멘탈은 본질이 무엇인지 고민하면서 만들어집니다. 인간의 심리를 엿보고 대중을 거울삼아 나를 돌아보는 과정에서 성숙한 투자자로 성장할 수 있습니다.

자산 시장마다 속도 차이가 다름을 실감하다

'투자의 8할은 엉덩이'라는 말을 들을 때마다 흠칫 내 가벼운 엉덩이부터 꼬집게 됩니다. 아찔하군요. 끈기가 투자의 정수라는 데 깊이 공감합니다만 엉덩이가 가벼운 사람이 여기도 있습니다. 태생이 그래서일 수 있고, 공부가 부족할 수 있고 이유는 다양하겠죠. 나는 느긋한 인간은 아닙니다. 투자를 관둘 수는 있어도 투자해 놓고 시세 변동에 관심 두지 않을 역량은 안타깝게도 없습니다. 물론 경험이 쌓이면서 변동성에 익숙해지기도 했고, 일부러 덤덤해지기 위해 부단히 노력합니다만 나의 타고난 성격 자체는 그렇지가 않습니다.

시장마다 변동성은 제각각입니다. 그러므로 자산에 따라 투자 스케줄, 자산 배분 규모 등을 달리해야겠죠. 나는 처음 모았던 시드를 부동산 그릇에 담을 수밖에 없었습니다. 시세가 변동해도 즉시 거래하기 힘드니까요. 부동산은 대체로 큰 추세를 좇는 거래를 하게 됩니다. 거래 이익과 손실 규모도 클 수밖에 없습니다. 매수와 매도 타이밍을 여유롭게 결정할 수 있다는 장점이 있습니다. 또한 가격이 상승할 경우 중요한 사이클을 읽었다는 만족감도 커집니다.

하지만 손절 라인을 타이트하게 잡을 수 없습니다. 만약 사이클의 고점에 물리는 경우엔 오랜 시간 아무 대응도 못 하고 자산이 묶인 채 견뎌야 합니다. 설령 하락했다가 내가 매수했던 가격으로 다시 회복하더라도 잃어버린 시간만큼 비용을 치른 셈이 됩니다.

주식과 비트코인은 부동산에 비해 가격이 아래위로 빠르게 움직입니다. 비트코인을 쌀 때 사서 오래 버틴 사람은 큰 수익을 거두었지만 변동성을 견뎌 내는 자체가 타고난 능력에 가깝습니다. 사실 오래 버티는 게 반드시 능사도 아닙니다. 방향이 맞으면 인내가 빛을 발하지만 거꾸로 된 상황에서는 어디까지 추락할지 알 수 없으니까요.

변동성이 큰 시장에서는 단시간에 수익이 발생하기도 합니다. 금방 손절하게 될 수도 있습니다. 변동성을 적절히 활용할 수 있다면 주식과 비트코인은 투자의 속도와 성과 측면에서 강점이 있습니다. 자칫 잘못된 대응을 반복할 경우 계좌가 빠르게 녹아내리기도 하겠지만요.

내가 비교적 단시간에 자산을 축적할 수 있었던 이유는 3가지 자산 시장의 변동성을 골고루 활용한 덕분입니다. 변동성이 증폭되는 시기는 자산 시장마다 다르게 나타나기도 합니다. 상승하는 파도를 잡을 수만 있다면 그때그때 서로 다른 시장에 투자함으로써 초기에 빠르게 자산을 불릴 수 있습니다. 이쪽이 쉴 땐 저쪽, 저쪽이 뜻대로 되지 않을 땐 다시 이쪽으로 옮겨 가며 투자로 인한 매너리즘을 극복할 수도 있고요.

똑같은 실수를 서로 다른 시장에서 저지른 경험도 소중했습니다. 문제의 원인이 무엇인지 정확히 파악하고 나니 비교적 자신 있게 전략을 수정해 나갈 수 있었으니까요.

제대로 된 포트폴리오로 리스크를 관리하다

포트폴리오는 목적과 상황에 맞게 기술적으로 구성해야 할 뿐만 아니라 꾸준한 관리가 필요한 고난도 작업입니다. 하지만 잘 모르는 사람들은 그저 욕심나는 종목들만 가득 담곤 '분산 투자 중'이라고 말합니다. 이것도 오를 것 같아서 담고, 저것도 오를 것 같아서 담는 욕망의 포트폴리오는 브레이크가 고장 난 자동차와 같습니다. 어디로 튈지 얼마나 버틸지 몰라도 결국 전봇대를 들이받아야 멈추게 되지요. 포트폴리오를 구성하는 목적이 명확하지 않거나 그 구성을 변경하는 원칙이 없다면 오히려 손실만 키울 수 있습니다.

성향에 따라 최적의 포트폴리오는 달라집니다. 보수적인 투자자는 저위험 저수익 자산 위주로, 공격적인 투자자는 주로 고위험 고수익 자산 위주로 구성하겠지요. 나는 보수적인 투자자이면서 동시에 공격적인 투자자입니다. 내 집만 있으면 사는 데 지장이 없다는 생각을 갖고 있습니다. 그래서 일찍 내 집을 마련한 이후에 집중 투자를 할 수 있었습니다. 일을 지속적으로 해 나갈 생각이고 집 외의 자본금은 당장의 삶의 질을 결정하는 데 큰 영향이 없다고 판단했기 때문입니다.

나는 5년 동안 투자를 이어 오면서 다양한 자산에 투자했습니다. 칼도 휘둘러 보고 활도 쏴 보고 방패도 들어 본 셈입니다. 각각의 무기에는 저마다의 기능과 역할이 있습니다. 때로는 서로를 보완해 줍니다. 어떤 무기를 꺼내 들지는 그때그때의 상황에 따라 달라집니다. 규칙이 따로 있지는 않습니다. 기회는 늘 남들이 들어가지 말라고 뜯어말리는 시장에서 생긴다는 경험도 했습니다. 남들과 다른 그림을 그리고 달리 움직이니 손실보다 수익이 더 많이 났습니다. 내 경험에 비추어 보면, 플레이할 수 있는 공간을 여기저기 마련해 둬야 여러 위험을 피해 투자를 이어 갈 수 있다고 말할 수 있을 것 같습니다.

자산 간 투자를 달리해 나갈 때, 다시 말해 자신을 재테크에 적합한 인간으로 키워 나갈 때, 내게는 자유롭게 옮겨 다닐 널찍한 공간이 필요했습니다. 각각의 공간을 점찍어 놓은 뒤에 그 공간에 참여할 시드를 비축하고 용기를 내서 뛰어듭니다. 예를 들면 어느 날 주식 시장에서 지수 최고점 대비 10% 혹은 20% 급락이 발생했을 때 눈여겨본 우량주에 시드를 집중적으로 투입한 뒤 '그럼 안녕히 계세요. 가상 화폐 시장에 다녀올게요' 하며 인사하는 식입니다. 투자는 기본적으로 테크니컬한 작업이라 뇌를 각 시장마다 돌려 써 주니 오히려 균형적으로 판단하는 데 유익했습니다.

돈 벌고 싶다면
하지 말아야 할 말
"절대 안 한다"

"미국 주식은 해도 한국 주식은 절대 안 해."

얼마 전 친구 A에게 한국 주식 이야기를 꺼냈다가 단호한 답을 듣고 말았습니다. 별 중요한 이야기도 아니었습니다. 재테크 경험이 많지 않은 친구였는데 몇 마디 꺼내지도 못하고 입을 닫아야 했습니다. 또 다른 후배 B는 "나는 비트코인 같은 건 절대 안 해요"라고 말하며 자신을 가치 투자자라고 소개했습니다. 그러면서 그는 코스닥에 저평가된 주식이 많다며 소형주만 소액으로 사고파는 중이었습니다. 나를 포함해 그들 모두 아직 초보자의 영역에 머무는데 어쩜 저리 쉽게 '절대'라는 말을 하며 가능성을 배제하는지 모르겠습니다.

나는 지난 5년 동안 적극적으로 투자해 왔지만 흔히 말하는 슬럼프를 경험하지 않았습니다. 일어서지 못할 정도로 크게 손실을 낸 적이 없었다는 이야기이기도 합니다. 이렇게 말하면 타고난 것처럼 보일 수도 있지만 그럴 리는 없습니다. 나는 시장의 변동성을 전부 견뎌 낼 성격도 아니고, 어느 한 시장에서 완벽히 승리하리라는 자신감도 없기에 기회가 아니다 싶을 땐 투자를 쉬기도 했습니다. 집중 투자를 하는 만큼 집중적으로 휴식을 취했지요. 경우에 따라서는 '풀 베팅 안 한다고 잃는 것도 아닌데, 뭘'이라고 생각하며 일상에 집중했습니다. 쉰다고 초조하지는 않았습니다. 어느 시장, 어느 종목에서나 기회는 올 테니 기다리면 된다고 생각했습니다.

그러다 어떤 자산 시장 전체가 휘청이거나 평소 눈여겨본 종목이 차트상 중요한 자리에서 지지부진할 때 집중적으로 진입했습니다. 그것이 개인적으로는 가장 편안했습니다. 투자자에게는 투자하고 싶은 종목이 없는데 굳이 투자해야 하거나, 고점에 물려 오랫동안 하락기를 견뎌야 하는 일만큼 고통스러운 시간도 없으니까요.

변화에 유연한 사람이 수익을 얻는다

농부가 농사로 큰 수익을 내기 위해서는 무엇이 필요할까요? 우선 큰 땅이 있어야겠죠. 넓은 땅에서 많이 수확해야 돈이 될 것입니다. 그다음은 어떤 작물을 선택하느냐가 중요합니다. 복분자가 유행한다고 너도 나도 복분자를 심는 시기가 있고요. 호두가 유행한다고 모두가 호두만 심기도 합니다. 수확 시기에 어떻게 될까요? 지금은 인기가 있어 보여도 수확기가 되면 당연히 초과 공급에 시달리겠죠. 남들이 당장 추종하는 작물로는 큰 수익을 내기 어렵습니다. 물론 같은 복분자나 호두라도 좋은 종자를 구해 와서 남다른 재배법으로 수확물을 차별화할 수 있다면 모르겠습니다.

차라리 남들이 심는 작물을 피함으로써 수익을 노리는 편이 수월합니다. 게다가 올해의 기온이 어떨지, 태풍이 어느 시기에 불어닥칠지는 예측할 수 없는 변수에 가깝지요. 초보자라면 시장을 예측하고 종목에 파고들기보다 유명하고 유망한 종목 중에 소외된 것을 골라 투자한 다음 묵묵히 기다리는 일이 훨씬 수월할 것입니다. 어떤 종목, 어떤 회사가 괜찮은지 정확히 찾아내기는 어렵지만 투자 시점을 선택하는 일은 상대적으로 손쉬울 테니까요.

기회인지 아닌지 판단하는 방법은 비교적 단순합니다. 우리는 각자 독립적인 판단을 하며 살아간다고 생각하지만 실은 주변 상황으로부터 큰 영향을 받고 있습니다. 남들이 좋다는 드라마를 보고, 남들이 맛있다고 말하는 식당을 찾아갑니다. 비트코인이 상승할 땐 사람들이 비트코인만 이야기합니다. 반대로 부동산 가격이 폭등할 땐 너 나 할 것 없이 패닉 바잉에 동참합니다. 주식 시장이 급하게 오를 때도 마찬가지입니다. 하지만 아무리 미래가 유망한 자산이나 종목도 고점에서 진입하면 크게 손실을 볼 수 있습니다. 시장은 미래의 성장성에 암묵적 합의가 발생할 경우 그것을 차츰 현재로 당겨 오지 않고 한꺼번에 끌어와 가격을 급하게 상승시키고는 다시 크게 조정을 발생시키기 때문입니다.

부동산, 주식, 가상 화폐 등 다양한 자산 시장에 발을 걸치고 있어야 해당 자산군에 기회가 왔을 때 그것을 잡을 수 있습니다. 코로나 팬데믹으로 주식 시장에 큰 폭락이 왔던 2020년에는 폭락과 대상승이 함께 존재했습니다. 폭락 이후 찾아온 대상승기에서 수익을 거둔 사람은 갑자기 시장에 들어온 사람들이 아닙니다. 시장에 머물며 하락을 자기만의 방식으로 견뎠던 사람들이지요. 관심을 두고 있어야 큰 파도가 오고 있음을 반 보나마 먼저 알 수 있습니다. 아무런 준비 없이는 큰 파도가 온다 한들 그 위에 올라타기 어렵습니다.

누군가 나에게 단기 투자자인지 장기 투자자인지 묻는다면 "1~3개월짜리 투자자에서 6~12개월 이상의 투자자로 옮겨 가고 있습니다"라고 답하겠습니다. 부동산, 주식, 비트코인을 모두 경험하며 어느 시장이든 1~2년에 한 번 기회가 온다는 생각을 하게 됐고 그 기회만 잘 잡아도 충분했기 때문입니다.

결과론적이기도 하고 제한된 표본으로 말하는 부분도 있겠으나 밀레니얼 세대로서 직장 생활을 5년쯤 하고 주변을 돌아보니 어느 정도

월급만으로 부자 되는 집중 투자법

자산을 구축한 사람은 투자 대상으로 반드시 한 가지 자산만 고집하지 않았습니다. 투자를 시작하는 사회 초년생이 스스로 점검해야 할 부분이 있다면 자신이 변화에 개방적인지, 자기보다 뛰어난 사람의 의견에 귀 기울이는 열린 마음이 있는지입니다. 혹시나 마음에 드는 답지가 눈에 띄더라도 답을 정해 두고 원하는 방향으로만 정보를 처리하고 있지는 않은지 의심해 봐야 합니다. 자기 고집 안에 자신을 가두는 순간 시야는 편협해질 수밖에 없습니다. 당연히 기회의 문도 좁아지고요.

건강, 관계, 꿈에
돈이 필요 없는
경우는 없다

이 정도면 충분히 자산을 모았다고 느낄 즈음 잠시 휴직하고 서울을 떠났습니다. 서울은 가난한 사람과 부유한 사람의 차이가 극명하게 드러나는 곳이었죠. 현재 내 위치가 어디쯤인지를 끊임없이 평가당하는 기분이었습니다. 서울은 남과 비교하는 일을 멈출 수 없다면 온전히 행복할 수 없는 도시처럼 느껴졌습니다. 재테크에 쫓기는 스스로가 오늘은 괜찮았다가 내일은 불편하기를 반복했죠. 억만장자가 보기에 내 자산은 우스울 수 있습니다. 나 역시 엄청난 부자들이 부러울 때가 있습니다. 하지만 막상 내가 더 큰 부자가 되기 위해 지불해야 하는 대가를 생각하면 섣불리 현재 누리는 평화를 깨트릴 이유를 찾지 못하겠습니다.

　처음 사회생활을 시작하면서 이른 은퇴를 꿈꿨습니다. 집보다 사무실을 좋아할 사람이 누가 있을까요. 하지만 막상 내가 목표로 하던 최소한의 자산 수준에 도달하자 퇴사가 그때만큼 간절하지 않게 됐습니다. 그 사이에 나이를 먹기도 했고, 가족이 생기기도 했으며, 지금 와서 특출나게 잘하거나 열렬히 좋아하는 분야를 다시 발견하기도 어려웠기 때문입니다. 얄궂게도 경제적으로 여유가 생기자 마음에도 여유가 생겼는지 회사의 긍정적인 면을 보기 시작하더군요. 욕망이란 언제나 현실과 정반대 방향을 가리키느라 바쁘고, 하루하루는 욕망의 한가운데에서 중심 잡으며 바쁘게 흘러가는 것 같습니다.

　요즘 하루 일과 중 가장 주요한 일정은 이제 막 두 돌이 지난 딸과 놀이터에 놀러 나가는 일입니다. 함께 손을 잡고 문 밖을 나서면 놀이터 한가운데에 있는 시소부터 탑니다. 다음 코스는 모래밭입니다. 근처 수돗가에서 물을 떠 와 땅을 촉촉하게 적십니다. 뽀로로 모양의 플라스틱 거푸집에 물을 먹은 모래를 30개쯤 찍고 나면 놀이터 일정은 끝이 납니다. 마지막 코스는 편의점입니다. 딸아이가 아직 군것질할 나이는 아니지만 그녀에게 편의점은 롯데월드쯤 되는 것 같습니다. 화려한 조명과 강렬한 색으로 포장된 과자 진열대 사이를 다섯 바퀴 정도 돌고 나면 먹지도 못할 과자들을 손에 쥐고 나서야 그날의 일정이 정리됩니다. 돈 한 푼 안 드는 놀이터 풀코스지만 나와 딸에게 이

보다 더 행복한 인생 코스가 있을까요.

당신이 투자를 해야 하는 이유

투자에 끝이 있긴 할까요. 돈이 돈을 불리니 한도가 없겠죠. 이만큼 벌면 또 이만큼을 벌고 싶어집니다. 훈련되지 않은 일반인은 투자에 나서며 '여기서 10%만 더 벌기'를 목표로 하지 않습니다. 배수 단위로 생각할 것입니다. 배가되는 욕망과 상상은 소중한 현재를 가볍게 집 어삼킵니다. 그러다 지금 배우고 즐겨야 할 것들을 놓치지요.

돈을 충분히 벌었다고 그것을 쓸 수 있는 자격을 획득하느냐는 별 개의 문제입니다. 고급 호텔에 들어서면 어떤 생각이 드나요. 그 호텔 에 있는 사람들은 매일 좋은 곳으로 놀러 다닌다는 생각을 하게 됩니 다. 나는 어쩌다 한 번 큰맘 먹고 오게 됐을 뿐인데 말입니다. 마치 내 가 있어서는 안 될 자리에 온 것 같고 어쩐지 조심스러워집니다. 고기 도 먹어 본 사람이 잘 먹는다는 말이 괜히 있는 게 아닌가 봅니다.

그럼에도 투자를 해야 한다면 말입니다, 이런 이야기를 드리고 싶 습니다. 나는 모험과 도전에 흥미가 있습니다. 투자를 하며 느낀 점인 데, 가끔 큰 수익이 날 때 '얼마를 벌었다'는 기쁨보다는 내가 분석했던 종목이 급상승할 때 얻는 짜릿함이 있습니다. 꽤나 중독성이 강합니

월급만으로 부자 되는 집중 투자법

다. 자산 시장은 한번쯤 나의 감각을 시험하기 좋았고 흥미진진한 곳이었습니다.

일차원적인 예시지만 가족 중에 크게 아픈 사람이 생겨도 경제적 여유가 없으면 원하는 만큼 챙겨 줄 수 없습니다. 아무리 상대방을 사랑하고 낫게 해 주고 싶어도 수천만 또는 수억 원이 들어가는 치료비 앞에서는 머뭇거리게 됩니다. 건강, 관계, 꿈에 돈이 필요하지 않은 경우는 잘 없습니다. 전쟁도 장기전으로 갈수록 보급품과 식량 수급에 의해 승패가 결정됩니다. 정신적인 의지와 돈의 힘이 서로 조화롭게 보조할 수만 있다면 부는 일상의 든든한 지원군이 되어 줍니다.

돈이 생겨 당장 고급 차를 타고 명품 옷을 구매한다고 행복해진다면 누구나 돈에 매달릴 것입니다. 실제로는 그렇지 않기 때문에 돈과 거리를 두는 사람도 있고, 돈에 목매지 않는 사람도 있습니다. 그럼에도 자산이 늘면 통장에 돈이 있다는 이유만으로 삶이 윤택해졌다는 느낌을 확실히 받을 수 있습니다. 물론 아무리 자산이 늘어도 월급에 익숙한 직장인은 그 범위 안에서 소비하고 생활하게 됩니다. 테두리가 명확하기에 소비의 기본 모드는 최저가 선택입니다. 본능적으로 가격을 비교하고 더 싼 물건을 찾습니다. 하지만 꼭 사치품이 아니어도 됩니다. 어느 순간에는 가격을 비교하는 데 시간을 쓰지 않는 선택이 점차 늘어납니다. 자유로운 소비자가 되었다는 충만함을 느낄 수 있는데 이는 꽤 멋진 경험이기도 합니다.

회사는 어떤가요. 억울한 일이 비일비재합니다. 직장은 내게 월급을 제공한 대가로 자존감을 앗아 가기도 합니다. 출근하기 싫은 날에도 안 갈 수 없습니다. 터벅터벅 회사로 향하는 스스로를 바라보게 될 때, 월급 때문에 어쩔 수 없이 출근해야 하는 이놈의 인생이 딱하다는 생각이 들면 기분이 썩 유쾌하지 않습니다. 삶의 목적이 돈은 아니지만 돈 없이는 아무것도 할 수 없다는 사실을 인정해야 하기 때문입니다. 이때 자산이 생겨 회사를 가도 되고 안 가도 되는 상황이라면 '그래 뭐 일단 오늘은 출근해 보고 내일 다시 생각해 보자'라는 마음이 들며 한층 홀가분해집니다. 일상에 여유가 녹아드는 느낌이랄까요.

고3 수험생의 수능 공부와 사회 초년생의 초기 재테크에는 비슷한 면이 있습니다. '그거 해서 뭐 해?'라고 생각하면 밑도 끝도 없이 허황된 이야기가 된다는 사실입니다. 당신이 투자를 시작해서 딱히 나쁠 이유가 없다면 최선을 다해 목표점에 도달한 다음 투자와 작별하는 것도 하나의 방법입니다. 세상에 공짜는 없고 당연히 모든 것을 가질 수는 없겠죠. 무언가를 얻으려면 무언가를 포기해야 하고요. 하지만 꼭 희생해야 한다면 그 시기를 짧고, 강하고, 굵게 갖는 게 낫지 않을까요?

투자의 세계에 들어선다면 각오를 해야 할 것입니다. 잃으면 아무 일도 손에 잡히지 않을 테고, 오르면 더 오르기를 기대하며 그래프만 들여다보게 될 테니까요. 양가감정은 누구의 마음속에나 있습니다.

실생활에서 눈에 보이는 형태로 존재하지는 않습니다. 투자란 '이봐, 나는 탐욕스럽지 않은 사람이야' 하고 자랑스럽게 말할 수 있는 것도, '역시 돈이 최고야'라고 자신 있게 외칠 수 있는 것도 아닙니다. 그저 스스로의 깊은 내면을 자주 마주하는 일입니다. 나의 자질과 목적을 인정하고 그것이 상스럽든 고귀하든 받아들이며 사는 수밖에요.

경제적 여유를 찾아
삶의 자유를
누려라

집 앞에 자주 가는 커피 전문점이 있습니다. 나는 그곳에서 똑같은 재료로도 커피를 잘 만드는 사람이 있고 못 만드는 사람이 있다는 사실을 알게 됐습니다. 오전에 근무하는 아르바이트생은 적당히 빠른 손놀림으로 커피를 만들어 주는데 커피에 감칠맛이 돕니다. 반면 오후에 근무하는 아르바이트생은 정성을 쏟고 시간도 오래 걸리지만 맛이 밋밋합니다. 역시나 경험을 돌이켜 말하자면 세상 모든 일이 노력한 만큼 결과가 나오진 않는 것 같습니다. 미묘한 맛의 차이는 개인의 타고난 자질로부터 나오는지도 모릅니다.

노력 무용론을 주장할 생각은 없습니다. 다만 투자는 공부만으로

월급만으로 부자 되는 집중 투자법

할 수 없고 감각만으로 할 수 없습니다. 초보자들은 흔히 시드도 적은데 그것마저 분산하느라 전전긍긍하고 에너지를 소비합니다. 결과적으로 소액만 찔끔 투자하면서 재테크 고민으로 소중한 사회 초년생 시기를 날리게 됩니다.

내가 투자 초보자에게 집중 투자를 제안한 이유가 있습니다. 초보 시절에는 '열심히' 한다고 꼭 좋은 결과가 나오는 것이 아니기 때문입니다. 차라리 저축하는 습관을 들여 목돈을 모으고 과감하게 투자하면서 그 결과를 빠르게 경험한 다음 자기만의 기준을 정립해 나가는 편이 낫습니다. 서서히 감각이 쌓이고 시장을 보는 눈이 생기면 자기 기준에 맞춰 요령껏 공부할 수 있게 됩니다. 이것저것 다 뒤지는 무식한 공부 말고 필요한 부분만 찾아서 연결하는 효율적인 공부 말입니다. 더 알고 싶다는 욕구가 자연스럽게 마음속에 자라날 것입니다. 지식을 흡수하듯 쌓는 시기가 찾아오고 그런 시간이 모여 통찰력을 갖추게 됩니다.

물론 시드를 키우고 투자했을 때 수익이 나면 그 자체로 굉장한 쾌감입니다. 그러나 영웅담은 언제나 사후적으로 쓰인다는 것 아시죠? 한두 가지 기준으로 투자를 시작했으면서 마치 시장을 제패한 듯한 기분이 들 겁니다. '역시 나의 과감한 결단력이 통했군' 하며 시장의 잔혹함은 잊겠죠. 하지만 승리감에 도취되면 계좌는 지속 가능성을 상실합니다. 배우려는 자세는 사라지고 오만한 자기 확신에 빠져 버리기 때문입니다.

시장을 다양하게 경험해야 버틸 힘이 생긴다

부동산 시장 다음엔 비트코인 시장, 그리고 다시 주식 시장으로 옮겨 갔다고 하면 하나의 자산 시장에서 일가를 이룬 사람의 입장에서는 그 모습이 불안해 보일 수도, 이해되지 않을 수도 있습니다. 하지만 나는 단기간에 서로 다른 시장을 경험한 덕분에 투자 기준으로 삼을 것과 지울 것을 명확하게 구분할 수 있었습니다. 앞으로 투자를 얼마나 더 지속할지는 모르겠습니다. 언제까지 지속한다고 한들 내 안의 카오스는 영원히 통제하지 못할 것입니다. 실체 없는 이 카오스는 모두의 마음속에 존재합니다. 카오스의 모습을 뚜렷하게 설명하긴 어렵습니다. 카오스를 마주하는 건 개인의 영역입니다. 언제든 잠복해 있다가 공포, 희망, 절망, 환희, 자만 같은 형태로 나타나겠죠.

감정의 변화를 내면화하고 견뎌 내기란 말처럼 쉬운 일이 아닙니다. 감정은 영원히 통제할 수 없습니다. 성공과 실패를 냉정하게 바라보기는 어렵습니다. 하지만 성공에만 몰두하는 사람은 한 번의 실패에도 무너져 내리기 쉽습니다. 반대로 실패에 매우 예민한 사람은 재도전이 어렵습니다. 외부 충격이 발생했을 때 '좋아, 견뎌 보자'라고 마음먹는다고 해서 견뎌지는 게 아니기 때문이죠. '견뎌 봤으니까 견디겠지'라는 경험적인 태도도 만능열쇠는 아닙니다. 실로 재미라고는 없는 기본적인 이야기지만 차라리 잘 먹고, 잘 자고, 좋은 생각을 하고, 운동하며 보내는 시간이 투자에 더욱 도움 될 것입니다. 사람이 단단해져야 제3자 입장에서 상황을 바라볼 수 있으니까요. 미세한 차이로 승부가 갈리는 경기에선 얼마나 좋은 컨디션을 유지하느냐가 승패를 좌우합니다.

자기 기준과 감각을 길렀다 해서 시장에서 승리할 준비가 됐다고 말하기도 어렵습니다. 그렇지만 '이제는 시장에 진입해도 되겠습니다'라고 말할 수 있을 것입니다. 그 이후의 결과는 행운의 문제일 수도 있고 재능이나 노력의 문제일 수도 있습니다. 시장은 어렵습니다. 그러니까 기회를 많이 가져 볼 수 있는 시기, 실패하더라도 재도전이 가능한 사회 초년생 시절에 투자를 시작해야 합니다. 취업 직후에 투자를 시작해서 이를 오랫동안 지속하다 보면 결국 투자란 태도의 문제임을 절감하게 될 것입니다. 흔들리지 말고 게으름 피우지 말고 한 걸음 한 걸음 최선을 다해 버텨야 합니다.

투자는 자유를 동경하는 우리들의 마음을 사로잡습니다. 사람들은 노트북 하나만 들고 세계 여행을 다니는 삶을 꿈꾸죠. 와이파이가 터지는 곳이라면 매수, 매도 버튼을 누르며 끊임없이 여행할 수 있다는 환상 말입니다. 하지만 당장 오늘의 일상과 투자의 균형부터 찾는 노력이 첫걸음입니다. 나도 투자에 과도하게 몰입하던 시절이 있었습니다. 강변을 따라 뛰다 문득 '어, 벌써 계절이 바뀌었어?' 하고 바람과 온도를 느끼면서 하늘과 꽃과 바람의 존재도 모르고 사는 게 옳은지 스스로에게 물었던 기억이 납니다. 월급 인생 초반에 재테크의 기세를 잡으세요. 투자는 일찍 시작해 빨리 경제적 자유를 이룬 다음 관둘 수 있다면 좋겠고, 장기전으로 끌고 가야 한다면 일상을 단단하게 가꾸어 가기를 바랍니다. 이것이 당신의 계좌와 일상생활을 모두 풍성하게 만들어 주는 유일한 방법이라는 것이 나의 마지막 조언입니다.

월급만으로 부자 되는 집중 투자법